從一國歷史
預視世界
的動向

義大利，是個靜不下來的國家

極簡 義大利史

北原敦

楓樹林

前言

認識義大利的真實面貌

提到義大利，相信大家都會覺得這是一個充滿文化、藝術氣息的國家。羅馬也有羅馬競技場、君士坦丁凱旋門、卡拉卡拉浴場等著名的世界遺產。

另外，學校在上世界史時，通常很快就會教到羅馬帝國的歷史，許多人應該都對凱撒及帝政時期的羅馬印象深刻。也因此，大家或許會認為「義大利是以羅馬為中心形成的」。

但其實，羅馬只是「義大利」這個大概念中的一部分而已。「義大利史」講述的並不是單一國家的歷史，而是從六世紀異族入侵開始，到十九世紀為止約一千三百年間，經歷一個又一個國家興起、滅亡後，終於建立現今國家雛形的過程。

本書只會將羅馬當作義大利的一部分，並針對「義大利是如何成為一個統一國家的」，以及統一之後所面臨的苦難與考驗進行解說。

希望透過這本書，能幫助各位讀者認識義大利的真實面貌。

監修　北原 敦

歷史冷知識！

義大利的4大祕密

為剛接觸義大利史的你，介紹意想不到的事實！

Secret 1

有都市在十九個小時之間毀滅了！？

西元七十九年，維蘇威火山爆發，位在附近的羅馬帝國城市龐貝因遭受波及而毀滅。龐貝的遺址忠實地保留了當時民眾生活的樣貌。

→詳情參照 39頁

Secret 2

義大利約有一千三百年是處於分裂狀態！

西元六世紀倫巴底人入侵後，義大利出現了數個小國，彼此間時而合作、時而相爭，直到十九世紀才再度統一。

→詳情參照 115頁

Secret 3

墨索里尼將奧運主辦權讓給了日本！

為確實取得奧運主辦權，日本奧會委員副島道正直接與墨索里尼交涉，透過面對面談判成功使羅馬放棄爭取主辦。

→詳情參照 146 頁

我支持由東京舉辦奧運。

Secret 4

AC 米蘭的老闆也是義大利總理！？

媒體大亨，同時也是知名職業足球俱樂部「AC米蘭」老闆的貝魯斯柯尼於一九九四年進軍政界，後來曾四度擔任總理。

→詳情參照 189 頁

©Ricardo Stuckert

接下來，就讓我們一起探索義大利史吧！

目錄

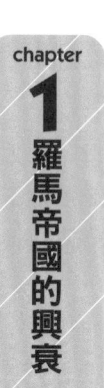

chapter 2 義大利的土地是屬於誰的？

＜西西里島＞

西西里島因氣候溫暖，以種植葡萄、橄欖、柳橙、檸檬著稱。另外也出產硫磺、石油，內陸地區的民眾則從事穀物種植及牧羊。島上東北方的埃特納山是歐洲最大的活火山。

chapter 3 邁向統一之路

chapter 4 第一次世界大戰與法西斯主義

<杜林>

杜林位在義大利西北方，因工商業而繁榮。過去曾是薩丁尼亞王國首都，在義大利統一運動後，也成為了義大利王國首都。知名汽車品牌「飛雅特」的總部便位在這裡，另外也曾舉辦二〇〇六年冬季奧運。

chapter 5 法西斯黨的獨裁與末路

＜梵諦岡城國＞

梵諦岡是全世界最小的獨立國家，面積僅0.44平方公里。東京迪士尼海洋的面積為0.49平方公里，因此梵諦岡可說是不折不扣的小國。由於擁有聖彼得大教堂等許多藝術、文化資產，梵諦岡整個國家在一九八四年被登錄為世界文化遺產。

<羅馬競技場>

這座位於羅馬的圓形競技場長徑188公尺，高48.56公尺，共有四層樓，可容納約五萬人。在此觀賞角鬥士奴隸與獅子等動物生死相搏是當時民眾的一項娛樂。

祕密專欄

<真理之口>

這是一塊圓形石板，位在羅馬的希臘聖母堂入口，被認為是古羅馬時代的水溝蓋。相傳說謊的人若將手放進海神的口中就會被咬住。

序章

孕育出眾多文化的國家

說到義大利，最大特色就是國土形狀宛如一隻凸出於地中海的長靴。義大利國土北方有阿爾卑斯山脈，半島部分有亞平寧山脈，南半部則有火山帶。就國土長度而言，日本的本州約為一千三百公里，義大利半島則約為一千公里，較日本稍短。義大利整體氣候溫暖，但南北的氣候型態不同，北部偏向冷熱差異大的大陸性氣候，南部則是溫暖乾燥的地中海型氣候，同時也是著名的柳橙及橄欖等農作物的產地。

義大利也是義大利麵及披薩的故鄉，擁有無數世界遺產的羅馬及威尼斯是著名的觀光地，另外還孕育出了達文西、米開朗基羅等傑出的藝術家。義大利風行足球，被稱為「足球之國」，並有尤文圖斯、AC米蘭等世界頂尖的職業足球俱樂部。

此外，飛雅特、法拉利、藍寶堅尼等知名汽車廠牌，PRADA、GUCCI、ARMANI等許多時尚精品的品牌也都是來自義大利。

義大利擁有悠久的歷史，在西元前七世紀前後便已建造出羅馬的都市。羅馬後

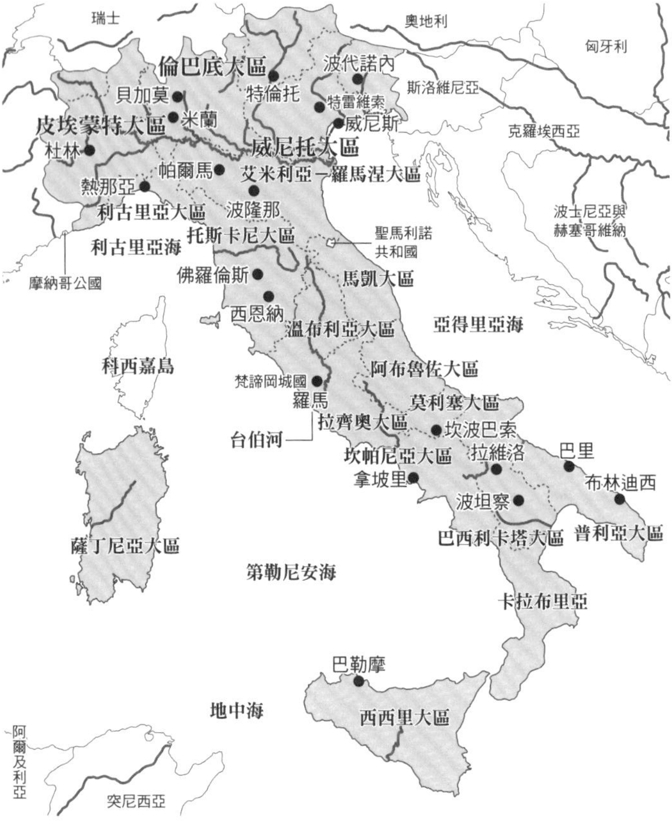

總面積	30萬1000㎢
總人口	約6060萬人
羅馬	287萬人（2017年1月1日數據）

※此為日本外務省網站刊載之資訊，取自ISTAT（義大利統計局／2020年4月數據）

來成為了歐洲的一大強權——羅馬帝國的核心之地。因此，只要提到義大利，相信許多人馬上會聯想到羅馬帝國。

但從羅馬帝國整體的領土來看，義大利半島不過是其中一小部分，義大利的歷史也並非只有羅馬帝國的歷史。甚至可以說，反倒是羅馬帝國滅亡，半島上出現了數個小國之後，「義大利」這個國家的歷史才真正開始起步。羅馬帝國滅亡後誕生的威尼斯、佛羅倫斯、熱那亞等都市，各自分別發展成了「國家」。

義大利在十九世紀從小國林立的狀態再度統一，其實並不是距離現在很久遠的事。現今的義大利是名為義大利共和國的單一國家，但因大城市各自擁有其悠久的歷史，目前仍保留著許多當地的傳統。不過反過來說，這也孕育出了義大利的多元性。

曾經四分五裂的義大利，是如何成為一個統一的國家的？首先就從古羅馬的歷史開始介紹吧。

chapter 1

羅馬帝國的興衰

「擁有幼牛之地」義大利

「義大利」這個詞的由來眾說紛紜，其中最有力的說法，是西元前十五世紀左右開始，在現今的義大利半島居住的「Italici」所使用的名稱經過希臘語化而來，意思是「擁有幼牛之地」。

屬於印歐語系的Italici由許多種族構成，其中的拉丁人與薩賓人居住在台伯河流域的羅馬，此地七座山丘上的部落聯合起來建立了羅馬城邦。古代的義大利半島便是以羅馬為中心逐步發展起來的。

羅馬確切的建城時間不得而知，但根據羅馬神話，是在西元前七五三年建立的。相傳在發生於希臘神話尾聲的特洛伊戰爭中，遭希臘方擊敗的特洛伊將領艾尼亞斯逃到了義大利半島，其後代有一對被母狼哺餵養大的雙胞胎，哥哥羅穆盧斯殺死弟弟瑞摩斯後建立了羅馬。

順帶一提，由於德國考古學家施里曼在十九世紀發現了特洛伊遺跡，使得特洛伊戰爭某種程度上被視為史實。

但實際上羅馬與特洛伊的關係並不明確，一般認為羅馬建立的時期是在西元前七世紀後期至西元前六世紀初。

義大利中部則是由與Italici不同系統的伊特拉斯坎文明（伊特拉斯坎人）統治，他們孕育出了多元的文化，對於後來的羅馬帶來重大影響。

不過，至今仍不清楚伊特拉斯坎人是屬於哪個系統的民族、何時來到義大利半島的。伊特拉斯坎人留下了許多使用希臘文字記述的伊特拉斯坎語文書，但目前尚未解讀出來。

隨著羅馬的拉丁人勢力逐漸壯大，開始與伊特拉斯坎持續交戰，最終取得了勝利，令伊特拉斯坎臣服。

走向共和制

羅馬在初期是王政時代，國王之下有元老院，是由出身豪門的貴族組成，為終生職。元老院的職責是向國王提出建言，但元老院的貴族後來推翻了王政。

西元前五〇九年，羅馬貴族盧修斯・尤尼烏斯・布魯圖斯驅逐了國王盧修斯・塔克文・蘇佩布，王政時期就此畫下句點。

當時的日本

一般認為羅馬在西元前六世紀前後建國，此時的日本則是彌生時代中期。據研判，水稻耕種技術也是在同一時期傳入日本的。佐賀縣的吉野里遺跡為著名的彌生時代大規模聚落，此地是在西元前四世紀前後開始形成聚落。

羅馬共和政體的架構

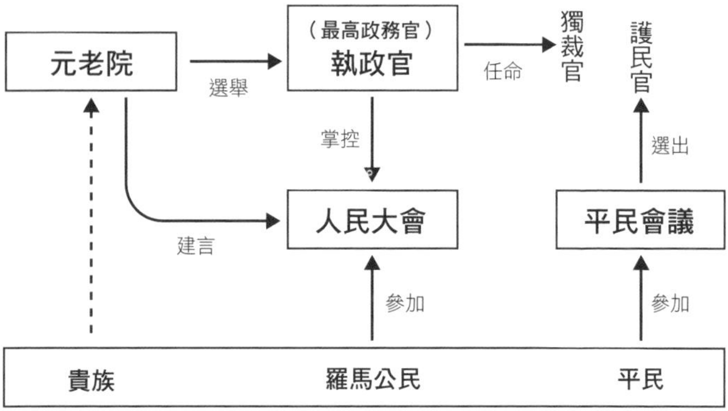

在此之後，羅馬建立了共和政體。由貴族運作的元老院選出掌管軍事及國政的執政官，擔任國家領導人。以執政官為首推動政治運作的體制，便稱為共和制。

但即使改成了共和政體，還是和王政時期一樣，政治權力由貴族獨占。因此，遭受不平等對待的平民便起而反抗，爭取自身權益。

貴族於是同意設立「平民會議」（僅由平民組成的立法機構）與「護民官」（有權召開平民會議、對於執政官的決定具有否決權的職務）。

這個時期的羅馬仍不過是義大利眾多城邦的其中之一，與周邊其他城邦衝突頻傳。

由平民構成的重裝步兵在與其他城邦的衝突中十分活躍，是幫助羅馬擴大領土的重要角色。

平民的出色表現使得平民會議的決定逐漸受到重視，平民會議的決議在西元前三世紀開始被視為正式法律。

羅馬在戰爭中取勝後，大多不會逼迫敗方完全臣服，僅要求接受羅馬的優越地位，並將其視為同盟對

共和時期的道路

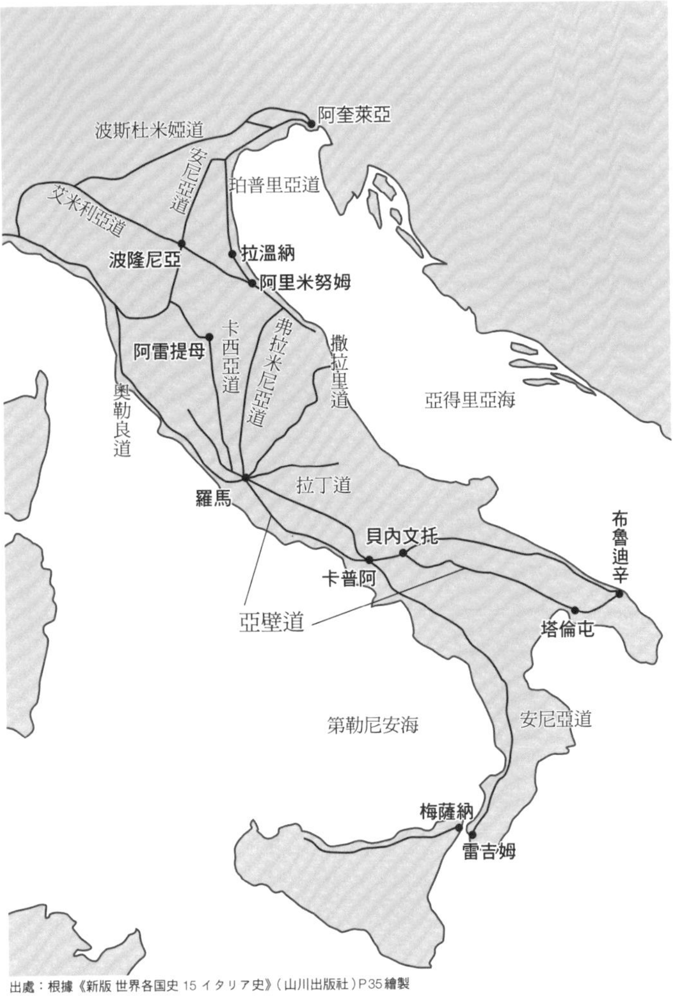

出處：根據《新版 世界各国史 15 イタリア史》（山川出版社）P35繪製

待。弱小的城邦也逐漸更傾向於接受羅馬的保護，成為同盟的一員，而非與羅馬對抗。羅馬便巧妙地藉由這種方法不斷擴大領土。

羅馬將義大利半島各地的都市納入勢力範圍的同時，也建立了亞壁道等從羅馬通往南北的交通網路。

標準的羅馬道路寬四公尺，可供兩輛馬車通行，道路兩旁還建有寬三公尺的人行道。基本上，修築道路時若遇到溪谷、山巒、岩場等地形也不會繞開，而是以興建橋樑、挖掘隧道等方式，盡可能使道路保持直線，由此可看出羅馬的建築、土木技術水準。

羅馬也因此得以統治廣大的領土。除了高超的技術力，巧妙的外交策略，以及配備標槍、劍、盾等武器的重裝步兵也是使羅馬強大的根基。

西元前二七二年，羅馬攻陷義大利南部的希臘殖民都市塔倫屯（現在的塔蘭托），控制了大部分的義大利半島。

羅馬的宿敵——迦太基

實質上統一義大利半島的羅馬共和國在西元前三世紀遭遇到了競爭對手，那就是位在地中海對岸的北非城邦迦太基。迦太基擁有強大的軍事力量，將地中海西部納入了勢力範圍，羅馬因此對其充滿戒心。

迦太基與羅馬間共發生了三次戰爭（布匿戰爭）。「布匿」在拉丁語中為腓尼基人之意，使用這個詞是因為迦太基是腓尼基人所建立。

第一次布匿戰爭發生在西元前二六四年，起因是爭奪西西里島。最後由羅馬取得勝

利，西西里島成為了羅馬第一個「行省」。所謂的行省，指的是羅馬的海外領土。

第二次布匿戰爭是因西元前二一八年迦太基的將軍漢尼拔率兵攻打羅馬而起，也被稱作漢尼拔戰爭。

漢尼拔率領了六萬大軍與三十七頭戰象，從伊比利半島翻越阿爾卑斯山脈進攻義大利半島，在各地擊破了羅馬軍（坎尼會戰）。

陷入困境的羅馬改打持久戰，將漢尼拔拖在義大利半島上，普布利烏斯・科爾內利烏斯・西庇阿（大西庇阿）則在同一時間揮軍北非，攻入了迦太基本土（扎馬戰役）。

漢尼拔因此被迫撤退回國，第二次布匿戰爭同樣由羅馬取得勝利。

第三次布匿戰爭始於西元前一四九年，起因是羅馬國內強硬派希望擊潰迦太基的聲浪高漲。普布利烏斯・科爾內利烏斯・西庇阿・埃米利安努斯（小西庇阿）率領羅馬軍隊攻打迦太基，最終使迦太基亡國。

相傳小西庇阿目睹迦太基遭焚毀之時，曾說道：「或許羅馬有一天也會滅亡吧。」而實際上，古羅馬帝國是在布匿戰爭過了六百多年後才滅亡的。

經過三次布匿戰爭後，羅馬將地中海西部納入了版圖。此外，羅馬也進軍地中海東部，將馬其頓劃為行省，進一步擴大勢力範圍。

農民陷入困境

羅馬共和國接連在戰爭中獲勝，同盟都市的數量也隨之增加，領土不斷擴張，但領土的急速擴張也產生了許多問題。

像是富人因得自行省的利益變得更為富有，成為大地主；但農地卻因農民參戰而荒廢，大量來自行省的廉價穀物也降低了農作物的價值。這使得中小農民沒落、失去土地，淪為「無產公民」。

至於元老院議員等身分的人則從行省取得了大筆財富，並收購農民釋出的土地，將戰俘當作奴隸，投入大規模農業經營，這被稱為大領地制。

大領地制加大了人民的貧富差距，以人民平等為原則的羅馬共和國開始出現內部矛盾。貧富差距的進一步擴大，導致希望維持元老院統治地位的貴族派，以及無產公民等所支持的平民派在政治上產生嚴重對立。

為了解決中小農民的窮困，被選為護民官的平民代表格拉古兄弟有意推動改革，沒收大領地地主的主地，分配給無地的無產公民。

但此舉引來了元老院議員的反彈，哥哥提貝里烏斯在西元前一三三年遭反改革派殺害，弟弟蓋約也在西元前一二一年遭逼迫而自殺。

改革以失敗告終後的約一百年間，羅馬持續處於混亂，這段時期因而被稱為「羅馬共和國的危機」。

羅馬軍隊不再強大

中小農民的沒落，也削弱了羅馬軍隊。因為羅馬軍隊過去的核心正是農民。

具有羅馬公民權者，可獲得人民大會中的投票權、參選權，以及免除部分稅賦等特權，但相對地，也有服兵役的義務。

兵役同時也是一種對象僅限羅馬公民的權利。羅馬共和國起初規定，必須擁有一定資產才能獲得服兵役的資格，參戰時的武器也是士兵自行添購。但由於許多中小農民沒落，因而不符服兵役的資格。

雖然羅馬試圖以降低兵役的資產門檻等方式解決問題，但仍無法阻止軍隊的戰力退化。

因此，當時的執政官蓋烏斯・馬略實施了軍事改革，不再透過徵兵制徵召羅馬公民組成軍隊，而是以無產公民為主要對象推行募兵制。羅馬的軍隊因這項大膽的改革而再次強大起來。

此外，自願入伍的士兵會得到免費配發的武器、防具，並有薪水可領，也有助於減少生活困頓的貧民。

但馬略的軍事改革引發了別的問題。職業軍人逐漸變為只對自己的將領效忠，而非羅馬的議會及民眾。這成了導致羅馬日後內亂頻傳的因素之一。

過去羅馬軍隊在戰時死傷最慘重的主力部隊都是由羅馬公民組成，義大利半島上的其他同盟城市雖然有出兵相助的義務，但只是扮演陪襯的角色。

改為募兵制後，不論是否擁有公民權，在軍隊內的待遇皆相同，都得參與危險的任務。

同盟城市的民眾對此感到不滿，因而要求公民權。元老院及羅馬公民則認為將公民權擴及同盟的城市有損自身權益，拒絕了這項要求。這導致同盟城市在西元前九十一年起而反抗羅馬，爆發了同盟者戰爭。

最終，羅馬讓所有同盟公民都擁有公民權，藉此平息戰爭。後來義大利各地的城邦逐漸淪為羅馬的地方都市，羅馬本身也失去了城邦的性質。於是，義大利便成了「羅馬」這個單一的國家（義大利的羅馬化）。

前三頭同盟

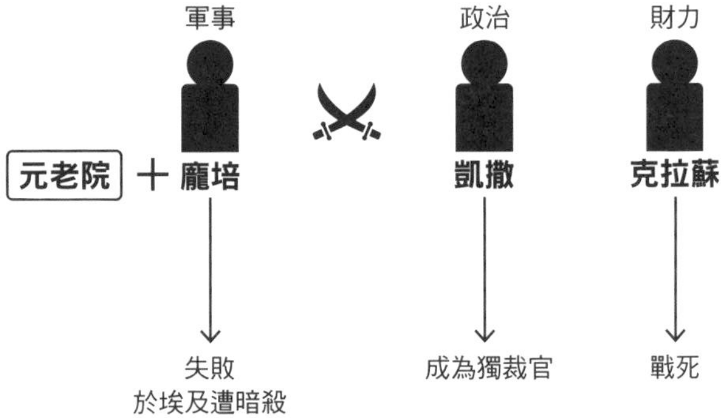

主宰國家的三巨頭

同盟者戰爭告一段落後，羅馬高層間的統治權之爭仍持續進行。此外，來自行省的奴隸也相繼發起叛亂。其中最具代表性的，是以斯巴達克斯為首的奴隸戰爭。角鬥士進行的競技在當時的羅馬是非常受歡迎的娛樂，許多角鬥士都是奴隸，斯巴達克斯便為其中一員。

西元前七十三年，斯巴達克斯夥同其他身為角鬥士的奴隸逃跑，並發動叛亂。脫逃的奴隸及貧民等紛紛加入反叛軍，據說人數最多時達到了七～八萬。

克拉蘇與龐培鎮壓了叛亂，這兩人並在西元前七十年獲選為執政官。另外，蓋烏斯・馬略的外甥——尤利烏斯・凱撒則覬覦執政官的地位。由於克拉蘇與龐培關係不佳，凱撒便居間調停，三人並結成祕密的政治同盟，掌握羅馬的政治實權，這便是所謂的前三頭同盟。

獲得民眾狂熱支持的凱撒與軍方的前總司令龐培、大富豪克拉蘇聯手，形成了足以和當時在政治上掌握大權的元老院對抗的勢力。

前三頭同盟結成之初，三人各自的利益都得到了滿足，順利壓下元老院。但當龐培的妻子，同時也是凱撒女兒的尤莉亞在西元前五十四年去世後，凱撒與龐培的關係便不復以往。

西元前五十三年，克拉蘇在遠征安息帝國（現在的伊朗）時戰死，前三頭同盟因而瓦解。面對這番情勢變化，龐培選擇了向元老院靠攏。

西元前五十八至五十一年，凱撒遠征高盧地方（現在的法國、比利時、瑞士等），征服了全境。

元老院警覺凱撒的勢力壯大，便命令凱撒留下軍隊獨自回國。但凱撒不服命令，於西元前四十九年率領大軍攻入了義大利半島。

據說在橫渡位於高盧地方與義大利邊界的盧比孔河時，凱撒向麾下的士兵說道：「渡過這裡的話，人類世界會滅亡；不渡過這裡的話，我會滅亡。骰子已經擲下了，往眾神等待的地方，往侮辱了我們的敵人所在之處前進吧。」換句話說，他是在表明「已經沒有退路了」。

於是，凱撒展開了與龐培及元老院派的戰爭，也就是凱撒內戰。

龐培與元老院暫時撤到希臘重新整軍，不過在希臘北部的法薩盧斯遭凱撒軍擊敗。龐培雖逃至

當時的日本

凱撒活躍的時期為西元前一世紀，而在此時的日本，以稻作為基礎的彌生文化傳播到了關東地方，九州地方則開始使用鐵器及鐵製農具。另外，近畿地方等地也在同一時期製作出大量銅鐸，一般認為是用於祭祀。

埃及，但遭到害怕與凱撒敵對的埃及軍暗殺身亡。

還有你嗎？布魯圖斯？

對手死去，剩餘的元老院派也遭擊潰，回到羅馬的凱撒受到民眾熱烈歡迎。凱撒推動削弱元老院勢力等改革的同時，也將權力集中到自己身上，並出任獨裁官。

獨裁官原本是元老院從執政官中選出，在戰爭等緊急時刻賦予所有國家權利的官職。

大權獨攬的凱撒遭懷疑有意自立為王，因此在西元前四十四年遭反凱撒派的元老院議員暗殺。過去曾支持凱撒的布魯圖斯也是參與暗殺的其中一人。

有一說是布魯圖斯其實是凱撒的兒子。凱撒遭襲擊時說出的「還有你嗎？布魯圖斯？」這句話成為了留傳後世的名言。

實質上的「皇帝」

羅馬國內因凱撒遭暗殺而陷入混亂之際，凱撒的養子屋大維、過去曾是凱撒部下的政治家和軍事家安東尼，以及雷比達結為同盟，開啟了新的三頭政治，被稱為後三頭同盟。

屋大維等三人就任國家重建三人委員，取得立法、行政、軍事等的全權，並清除暗殺凱撒的布魯圖斯等人，試圖恢復國內秩序。

但這三人間為了爭奪主導權，對

立日益加深。雷比達原本試圖陷害屋大維，卻反被冠上瀆職與叛亂的罪嫌，因而失勢。

安東尼則與埃及托勒密王朝的末代女王克麗奧佩脫拉結盟，希望扳倒屋大維，但在西元前三十一年的亞克興戰役敗北，翌年自殺。

獨掌大權的屋大維攻陷擁有三百年歷史的托勒密王朝埃及，如此一來，羅馬統一了歐洲、非洲、中東等地中海世界。

屋大維返回羅馬後，在西元前二十七年獲得元老院贈予「奧古斯

都（神聖、至尊之意）」的稱號。他以「第一公民」這個舉國上下第一人的身分統治羅馬，地位實質上等於皇帝。這種政治制度被稱為「元首制」，權力雖然集中於奧古斯都，但元老院、人民大會、執政官等制度、職務依舊存在。

羅馬的政局因此穩定了下來，「羅馬共和國的危機」也就此告終。

羅馬五賢君

奧古斯都死後，由其養子提貝里烏斯世襲繼承皇位，確立了帝制。由於所有權力皆為皇帝一人所有，羅馬就此成為君主專制國家。

而提貝里烏斯統治的時期，正好就是創立基督教的耶穌基督生存的年代。

帝國初期，羅馬的領土又進一步擴大。西元四十三年，第四代皇帝克勞狄烏斯征服了不列顛尼亞（現在的英國所在的大不列顛島南部）。

之後，羅馬仍持續擴張，西元九十六年即位的第十二代皇帝涅爾瓦，以及接下

羅馬帝國的領土

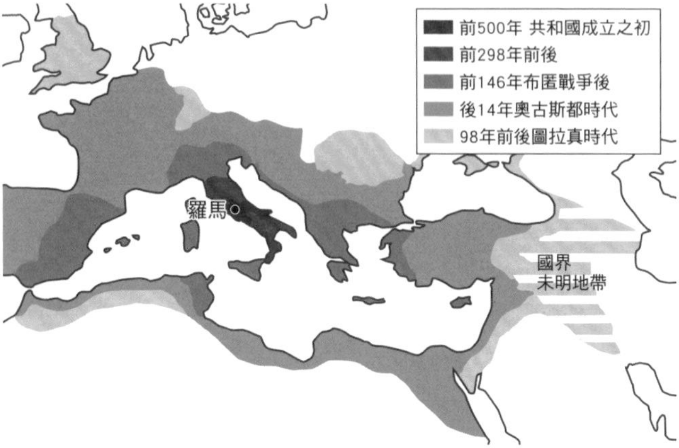

來的圖拉真、哈德良、安敦寧・畢尤、馬可・奧里略等五位皇帝統治的時期，是羅馬帝國最為興盛的時代。

尤其是圖拉真在位期間，羅馬帝國的版圖更到達了頂峰，因此這五位皇帝也被稱為五賢君。

由於羅馬在五賢君時代並未遭遇其他強權挑戰，因此和平維持了相對較長的時間。

羅馬帝國在西元前一世紀末至二世紀後期的這段時間，也被稱為羅馬治世（Pax Romana）。「Pax」是羅馬神話中代表和平與秩序的女神。

「羅馬治世」這個詞出自十八世紀英國歷史學家愛德華・吉朋的著作《羅馬帝國衰亡史》。

吉朋將五賢君在位期間評為「人類史上最幸福的時代」，並用拉丁文創造了「Pax Romana」這個詞來表現。

以羅馬治世來形容這個時代，可能會讓人覺得所有民眾都享受到了繁榮的果實。但實際上，非洲的羅馬行省等地，其實不斷發生反抗帝國強權統治的叛亂。不過，羅馬的法律、道路、度量衡、幣制等都是在這個時代建立、統一的，因此羅馬帝國在此時最為強盛也是不爭的事實。

羅馬的文化與龐貝

羅馬統治體系下的法律對後世影響十分深遠。羅馬政權制定出了法律要求境內不同風俗文化、種族的人遵守，該做法的起源可追溯至西元前四五一年制定的十二銅表法（規定不論平民或貴族，在法律之前一律平等的法律）。

羅馬的法律起初只適用於羅馬公民，但皇帝卡拉卡拉在西元三世紀擴大了給予公民權的範圍，因此所有居住在帝國境內的人都成了適用對象。東羅馬帝國在西元六世紀將這套法律制度彙整為《查士丁尼法典》，連現在的日本法律也受到了羅馬法的影響。

此外，凱撒制定的「儒略曆」現在也以「格里曆」的形式保存了下來。規定一年約有三百六十五天，以及閏年的概念都是從儒略曆開始的。順便告訴大家，八月叫作「August」正是從屋大維獲得的稱號「奧古斯都」來的。

羅馬還孕育出了許多優秀的文化，其中最為亮眼的，是建築、土木技術。前面已經提過道路建設，此外羅馬人還在都市裡建造了浴場、凱旋門、競技場等。進行角鬥士比賽的圓形競技場及供奉眾神的萬神殿都保留到了現在，並被登錄為世界遺產。

而從拿坡里近郊的龐貝城遺址，則能一窺羅馬帝國初期的民眾生活。龐貝城在西元七十九年時由於維蘇威火山爆發，瞬間遭火山碎屑流吞沒。也因為這樣，遺址幾乎保存了當時的原貌。後世從火山灰下發現了烤好的麵包、擺放在餐桌上的食物及餐具、硬幣等，各種忠實呈現出西元一世紀古羅馬人生活的物品。

此外，都市裡建有上下水道，調整水量的機制幾乎與現在相同。當時的廁所似乎是一種社交場所，還有兩人用的廁所。

羅馬分裂為東西

羅馬帝國在皇帝卡拉卡拉的時代給予行省的人民公民權，提升了行省的地位。但真正的目的其實是為了向公民課徵遺產稅等稅賦，藉此增加收入。

公民權的普及使得羅馬做為帝國中心的地位逐漸鬆動，並出現了出身行省的皇帝。第一位自行省出身的皇帝，便是五賢君時代的圖拉真。

西元三世紀中葉約五十年的時間內，共計有二十位皇帝即位，帝國的威望大不如前。

而且，日耳曼人及在西亞取代安息帝國登場的薩珊王朝波斯等異族，也開始越界入侵。由於面

當時的日本

羅馬在西元三世紀面臨異族頻繁入侵，而此時在日本，由卑彌呼女王統治的邪馬台國則平定了周邊國家，並派遣使者前往中國大陸的王朝。只是，邪馬台國的確切位置存在近畿、九州等各種說法，成了古代日本史的最大謎團。

臨內憂外患，使得這個時期被稱為「三世紀危機」。

西元二八四年即位的戴克里先在位時，還曾將羅馬帝國的領土分成四塊交由四名皇帝統治，這種治理模式名為四帝共治制。

三〇六年登基的君士坦丁一世再次將帝國整合起來，平息了混亂，元老院因而給予「大帝」的稱號。

君士坦丁一世認為平定內戰是得到了基督教庇佑，於是在西元三一三年頒布米蘭敕令，承認基督教的地位。後來，基督教成為了羅馬帝國的國教。另外，君士坦丁一世在西元三三〇年將首都遷移到位於現今土耳其的君士坦丁堡（現在的伊斯坦堡）。

於是，帝國的中心便從羅馬往東移動了約兩千公里。

接著在西元三九五年狄奧多西一世去世後，羅馬帝國劃分為東西，交由狄奧多西一世的兩名兒子統治。

劃分之舉最初只是基於行政上的目的，但東西兩部分後來成為了以拉溫納為首都的西羅馬帝國，以及以君士坦丁堡為首都的東羅馬帝國（拜占庭帝國）兩個不同的國家。

異族統治的時代

異族，尤其是日耳曼人的入侵在羅馬帝國分裂為東西後依舊持續。西元四七六年，日耳曼裔的傭兵將領奧多亞塞逼迫西羅馬皇帝羅慕路斯・奧古斯都退位，西羅馬帝國因而滅亡。

不過在四九三年，同為日耳曼族的東哥德族之王狄奧多里克打倒奧多亞塞，建立了東哥德王國，並以羅馬皇帝代理人的身分自居進行統治。

而西西里島、薩丁尼亞島、科西嘉島也遭屬於日耳曼人的汪達爾族征服，義大利半島便這樣被日耳曼民族統治了一段時間。

不過東羅馬帝國的查士丁尼大帝在六世紀攻入義大利半島，消滅了東哥德王國與汪達爾族。如此一來，義大利半島又再次成為羅馬帝國的領土。

但在查士丁尼大帝去世後，屬於日耳曼人其中一支的倫巴底人入侵義大利北部，於西元五六八年建立了倫巴底王國。

這導致東羅馬帝國在義大利的領地只剩下拉溫納周邊、半島南部及西西里島。自倫巴底人入侵之後，義大利始終同時存在數個國家，直到十九世紀都不曾統一過。

羅馬的地位演變

羅馬分裂為東西之後，基督教在歷史上扮演了重要的角色，因此要特別提出來介紹。

國家一分為二，也使得基督教分裂成了以羅馬為中心的天主教會，以及以君士坦丁堡為中心的東正教會。對教義的解釋不同等因素，造成東西兩邊的教會逐漸產生對立。尤其在是否要禁止聖像畫（描繪聖母瑪麗亞、耶穌、聖人等聖經登場人物的畫像）這一點上，兩者意見更是分歧。天主教會允許聖像畫存在，但東正教會則禁止。

到了西元八世紀，教宗為對抗倫巴底王國，向法蘭克王國的丕平求援。丕平擊敗了倫巴底，並將其得到的拉溫納等義大利中部一帶的土地獻給教宗。這便是教宗統治的領土「教宗國」的起源。

這種身為宗教領袖的教宗在義大利內部擁有領土，而且權力等同於國王、皇

東西教會的對立

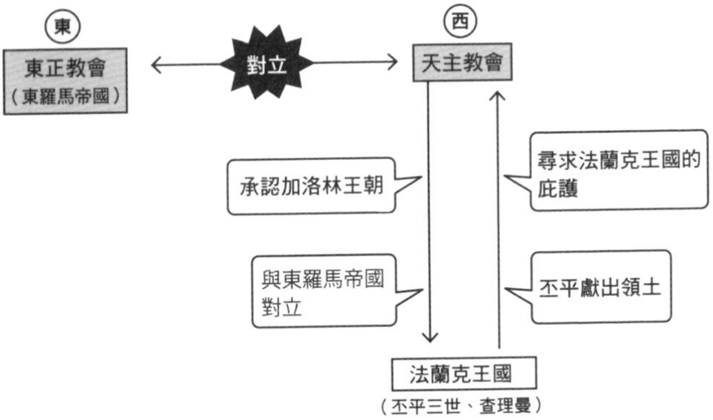

帝的狀態，對於義大利後來的歷史也帶來了重大影響。

羅馬過去曾是羅馬帝國的中心，也象徵著皇帝的權力。此時則與教宗結合，成為宗教權威的中心，重新發揮影響力。

後來，丕平三世之子，法蘭克國王查理曼在西元八〇〇年的聖誕節由教宗聖良三世加冕成為羅馬皇帝，於是西歐再度出現了羅馬皇帝。

查理曼之子路易死後，法蘭克王國在西元八四三年根據凡爾登條約一分為三。其中的中法蘭克北方的領土，在西元八七〇年又因梅爾森條約而遭東法蘭克、西法蘭克瓜分。

西法蘭克後來成為了法蘭西王國，東法蘭克是日後的神聖羅馬帝國，中法蘭克則演變為義大利王國。

西元九五一年，東法蘭克王國的鄂圖一世為援助教宗而遠征義大利，九六二年於羅馬接受教宗加冕，成為神聖羅馬皇帝。

當時的日本

丕平三世將領地獻給教宗是西元八世紀中葉的事。而在日本，聖武天皇則下令於奈良建造大佛（東大寺盧舍那佛像）。聖武天皇於西元七四三年下詔興建，七五二年完工，並在這一年邀來了出身印度的高僧，舉辦盛大的開眼供養儀式。

法蘭克王國的變遷

路易的長子洛泰爾一世統治中法蘭克，三子路易二世統治東法蘭克，么子查理二世則統治西法蘭克。

洛泰爾一世死後，路易二世獲得了中法蘭克王國北部領土的東半部，查理二世則獲得西半部。

秘密專欄

義大利的國旗、國歌

國旗深受法國影響

義大利的國旗由左起是以綠、白、紅三色的直條構成，綠色代表「國土」，白色代表「雪」，紅色則是「愛國者的熱血」。如果把綠色換成藍色，便成了法國的國旗。兩國的國旗如此相似是有道理的，因為義大利的國旗正是由法國國旗而來。

西元一七九六年，法國的拿破崙・波拿巴遠征義大利，解放了義大利北部受奧地利統治的都市。

戰爭結束後在義大利北部建國的奇斯帕達納共和國，便是使用綠、白、紅三色的國旗，成為了義大利三色旗的起源。

一七九七年，奇斯帕達納共和國與特蘭斯帕達納共和國聯合建立的奇薩爾皮納共和國，便是使用與現在相同的綠、白、紅直條的三色旗。

義大利國旗的變遷

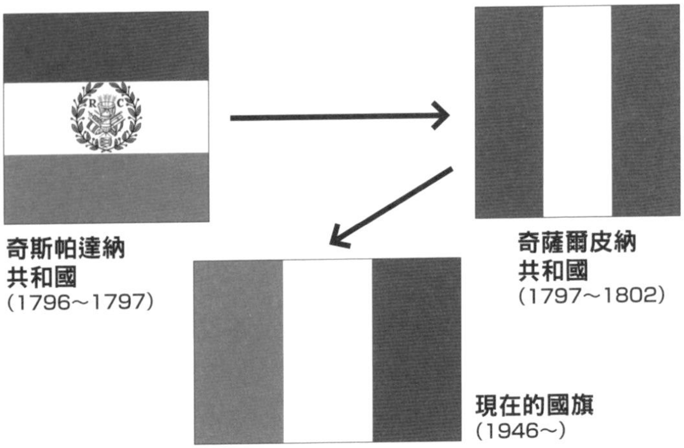

這面旗幟後來還曾有加上紋章等變化，但在一九四六年改為共和政體時，又恢復了原本的三色旗。

義大利的國歌為《馬梅利之歌》，又名《義大利的弟兄》，是由葛弗雷多・馬梅利作詞，米歇爾・納瓦羅作曲。《馬梅利之歌》的歌名是由作詞者的姓氏而來。

整首歌以「義大利眾兄弟，看祖國正奮起」的歌詞開場，內容回顧了義大利長久處於分裂狀態，遭外國欺壓的歷史，並鼓舞義大利人團結起來奮戰。

不可不知的義大利偉人❶

從「英雄」走向「獨裁者」

尤利烏斯・凱撒

Gaius Iulius Caesar

（西元前 100 前後～西元前 44）

憑藉討喜外表與高明話術擄獲民眾的心

凱撒出生於貧窮的貴族之家，在戰亂頻傳的羅馬度過了童年。由於他的姑丈蓋烏斯・馬略是重量級政治人物，因此在西元前七十七年後，凱撒也踏入了政治圈。

凱撒其實無法稱得上是美男子，所以下屬都在背後稱他「玩弄女人的禿頭」。但他擁有舌燦蓮花的口才及沉著冷靜的頭腦，據說擁有眾多女性支持者。平定埃及後，凱撒也與以絕世美女著稱的克麗奧佩脫拉七世有過一段情。

另外，「凱撒」也成為了用來表示君主、皇帝、未來元首的名詞。例如，五賢君即位後，便在稱號中加入了「凱撒」。而德文的「Kaiser」，以及俄文的「Tsar」等詞也都是源自於「凱撒」，意思就是「皇帝」。

chapter 2

義大利的土地是屬於誰的？

獨立義大利王國時代

義大利王國從西元八八八年自法蘭克帝國獨立，至九六二年被納入神聖羅馬帝國為止的這段時間，被稱為「獨立義大利王國」時代。義大利南部在九世紀末至十世紀在政治上則處於分裂狀態，西西里島更是受伊斯蘭政權統治。

受到異族入侵等因素影響，當時的西歐商業衰退，經濟重心移到了農業。民眾接受擁有強大力量的皇帝、國王或貴族、神職人員的保護，相對地則做為臣民宣誓效忠。西歐的封建社會便是透過這種主從關係產生的。擁有領地的有力人士被稱為領主，領主統治的領地則稱為莊園，這種莊

當時的日本

日本在西元九三一年至九四七年這段時間，幾乎同時發生了平將門引起的叛亂與藤原純友引起的叛亂（承平、天慶之亂）。平將門將勢力延伸到了關東，藤原純友則攻陷太宰府，但最終分別敗死。這兩起叛亂象徵了律令國家的崩壞與地方武士的崛起。

園制構成了封建社會的經濟基礎。

有力人士彼此之間也存在上下關係。皇帝或國王之下有諸侯、騎士，教宗之下則依序為修道院長或總主教、主教、司鐸。當時的主從關係便是像這樣層層建立起來的。

什麼是自治城邦？

由於義大利在地中海東部的貿易規模成長、商業發達，十一世紀之後，義大利中、北部的都市培養出了經濟實力。

在過去，工商業者等都市居民是受管理都市的封建領主統治，但當都市的經濟發展起來後，工商業者累積了巨大財富。此外，更多新的工商業者出現，也使得民眾的意見逐漸成為不可忽視的力量。

民眾為了統一內部、維護和平，因而齊心合作，試圖脫離封建領主的統治。市民自行建立起治理都市的體制，並雇用傭兵，贏得了自治權。

這種由都市的市民組成的自治共同體便叫作「自治城邦」。自治城邦的民眾會選出執政官，執政官除了舉辦集會及評議會等政治性活動外，也負責軍事及外交工作。

自治城邦的特色是統治範圍並非僅限於城牆圍起來的市區部分，還包括了周圍的農村等。換句話說，各個自治城邦連同其周邊在內，可以看作是一個獨立的「國家」。

威尼斯、比薩、米蘭、熱那亞、佛羅倫斯等許多自治城邦，都是義大利歷史上重要的都市。

自治城邦發展興盛

位在義大利東北部的威尼斯是著名的水都，早在十一世紀末便已發展成支配亞得里亞海商業活動的都市。西元一一四三年前後，有力人士組成的評議會限制了最高執政官——威尼斯總督的權力，成立以貴族為中心的自治政府（威尼斯共和國）。

比薩位在義大利中部西側，最著名的便是登錄為世界遺產，位在奇蹟廣場的比薩斜塔。西元一〇〇四年時雖然遭穆斯林（伊斯蘭教徒）入侵，但比薩聯合了熱那亞擊退義大利各地的穆斯林，並將戰利品當作發展海上事業的資金。

隨著經濟發展，比薩的人口也有所成長。居民以比薩市內的地區為基礎，建立了政治、軍事性質的互助組織。在一〇八〇年之後，產生了由這些互助組織選出的居民代表擔任執政官的自治組織。

位於義大利北部的米蘭為目前義大利人口最多的都會區。西元一〇九七年時，米蘭在都市貴族主導下選出了居民自治共同體（自治城邦）的執政官，因此形成由神聖羅馬帝國、主教、自治城邦三股勢力治理的狀態。

熱那亞位於義大利西北部，擁有國內最大的貿易港，自古以來便是地中海西部的重要港口。一〇五六年時，主教與都市貴族簽訂協議，並由於領主奧貝爾坦吉藩侯放棄了裁判權，都市民眾的自治組織因而逐步建立起來。

統治權擴及義大利王國的神聖羅馬皇帝當時雖與教宗對立，但遭教宗處以絕罰的神聖羅馬皇帝亨利四世選擇在義大利的卡諾莎向教宗屈膝請求赦免（卡諾莎之行）。

皇帝的權力弱化，使得以都市貴族為主的自治城邦居民轉而支持教宗任命的主教，而非皇帝任命的主教，並也強烈影響到了都市的運作。

這種統治結構的改變，也與基督教各國為從伊斯蘭教手中奪回聖地耶路撒冷所派出的十字軍有關。十字軍東征使得自治城邦居民內心強烈認為「我們是基督徒」，因而強化了與教宗的連結。

皇帝與同盟間的對抗

加入倫巴底同盟的都市

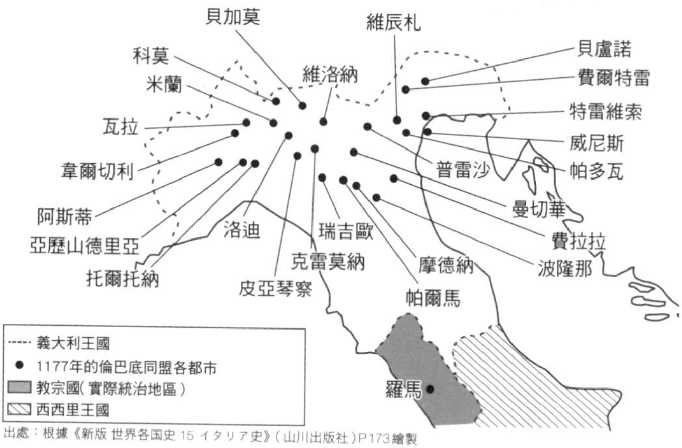

出處：根據《新版 世界各国史 15 イタリア史》(山川出版社)P173繪製

脫離了神聖羅馬皇帝統治的自治城邦在稅收及司法審判上是獨立的，這也等於皇帝的權利因此受到侵犯。

義大利北部的自治城邦受惠於貿易，經濟快速成長，皇帝與自治城邦間便因為經濟利益而出現衝突。

神聖羅馬皇帝腓特烈一世在西元一一五四年遠征義大利之後，一一五八年於帝國議會重新訂出皇帝的權力，並為了恢復屬於皇帝的權利，再度遠征義大利。

但義大利的各城市結成了「倫巴

底同盟」與其對抗，大勝帝國軍。

之後在一一八三年，同盟城市成功令皇帝同意了都市的自治（康斯坦茨和約）。

朝聖者成為傭兵

接著來看義大利半島南部的狀況。

十一世紀的義大利半島南部為薩萊諾公國及東羅馬帝國的領土，西西里島則為伊斯蘭勢力所統治。

為前往聖地耶路撒冷朝聖，從北方的諾曼第來到此地的諾曼人在此一狀態下征服了南義大利。

西元一〇一六年，來到南義大利蒙特聖安傑洛教

當時的日本

西元一〇一六（長和五）年，藤原道長就任代替天皇處理政務的攝政一職，翌年將該職位讓給其嫡子藤原賴通，但仍由道長掌握實權，藤原氏的勢力在此時到達巔峰。道長在一首和歌中還寫出了「世間一切盡為我所有，有如滿月般毫無缺憾」的語句。

堂朝聖的諾曼騎士，加入了倫巴底裔貴族試圖脫離東羅馬帝國尋求獨立的運動。

雖然獨立派在西元一〇一八年的坎尼會戰中慘敗給東羅馬軍，但諾曼人戰鬥時可靠的表現也因這次戰役而廣為人知，雇用諾曼人擔任傭兵逐漸成為常態，朝聖者便這樣當起了傭兵。

另一方面，神聖羅馬皇帝亨利三世則揮軍義大利南部，遠征取得大勝的東羅馬帝國。

歐特維爾家兄弟

諾曼人雷努爾夫・德倫戈特在南義大利的抗爭中十分活躍。

雷努爾夫擔任傭兵的功績在一〇三〇年受到肯定，因而受封義大利南部第勒尼安海沿岸的都市阿韋爾薩。

在義大利南部建立據點的雷努爾夫等諾曼人幾經抗爭後，擴大了勢力範圍。對於諾曼人征服南義大利貢獻最大的，是歐特維爾家兄弟。

歐特維爾兄弟中的么弟魯傑羅與哥哥羅伯特在西元一〇五九年征服了卡拉布里亞。之後，羅伯特與魯傑羅又分別朝普利亞及西西里島進軍。

羅伯特在一〇七一年占領巴里，終結了東羅馬帝國在義大利南部的統治。魯傑羅也在西西里島擴大了勢力範圍，並在一〇七二年征服西西里島西北部的都市巴勒摩，確立了諾曼人在西西里島的統治權。

歐特維爾家的活躍使得諾曼人得以支配義大利南部。

諾曼人統治的南義大利

南部走向統一

羅伯特死後，魯傑羅以西西里島為據點發展壯大，在南義大利稱霸。魯傑羅在一一〇一年去世，由兒子魯傑羅二世繼承統治權。由於伯父羅伯特過去統一的普利亞再次出現了諸侯不受控制的狀況，因此魯傑羅二世有意平定。

西西里王國的領土

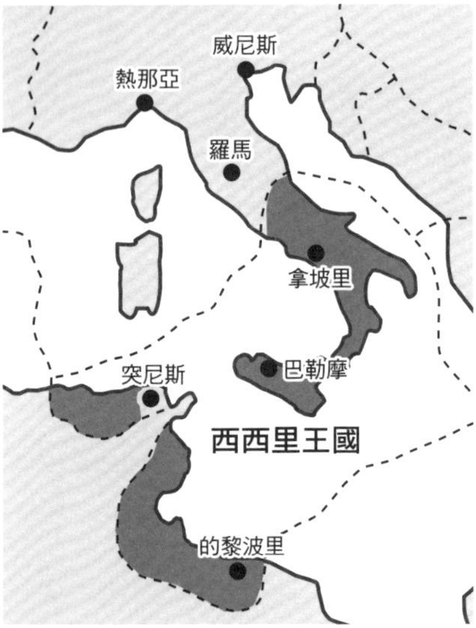

他接連擊敗敵對的諸侯，於西元一一三〇年統治了包括西西里島在內的義大利南部，諾曼王朝的「西西里王國」便就此誕生。

教宗安那克勒圖二世雖然承認了魯傑羅二世在西西里島的統治權，但當時羅馬還有另一名教宗——與安那克勒圖二世敵對的依諾增爵二世。

現今將依諾增爵二世視為正式的教宗，安那克勒圖二世則被稱為「對立教宗」。

依諾增爵二世忌憚魯傑羅二世的勢力擴張，於是與神聖羅馬帝國及東羅馬帝國等勢力合作展開對抗。

但由於不敵魯傑羅二世的大軍，因此依諾增爵二世在西元一一三九年承認了魯傑羅二世的王位，義大利南部便統一在西西里王國之下。

魯傑羅二世為進一步擴大領地，派軍前往北非，將位於現在的利比亞及突尼西亞等地的都市納入版圖。其目的是使西西里成為地中海各國的

當時的日本

日本的後白河天皇即位的時間，正好在魯傑羅二世去世前後。當時為所謂的院政時代，天皇讓出皇位後，仍會以上皇或法王的身分主導政務。當時的崇德上皇與後白河天皇因當家的問題產生對立，後來發生了保元之亂。

中心，但魯傑羅二世在一一五四年便與世長辭。

不久後，西非的伊斯蘭勢力穆瓦希德王朝進軍北非，西西里王國僅統治了當地約六年時間。

文化相互融合

西西里王國是由各種不同的人種及民族所組成。伊斯蘭教國家自西元九世紀起便已在義大利半島南部活動，有許多穆斯林居住在此。

此外，西西里王國征服了過去由東羅馬帝國統治的區域，因此拉丁人及希臘人也不少。這三個民族的比例依地域而有所不同，不過以整個西西里王國來看，數量最多的是穆斯林。但統治階層大部分都和魯傑羅二世一樣，是諾曼裔的拉丁人。

義大利半島上被征服的小國，就直接被劃為西西里王國的行政區。西西里王國的特色之一，便是沿用這些小國原本既有的架構，並將權力集中於西西里國王。

不同民族與風俗在西西里王國相互交流，造就了獨特的文化。最具代表性的例子，就是蒙雷阿萊主教座堂及諾曼王宮，兩者在二〇一五年被登錄為世界遺產。

西西里人的憤怒

西元一一九四年，西西里王國在由諾曼王朝轉移到了出身霍亨斯陶芬家族的神聖羅馬皇帝亨利六世手中。亨利六世之子腓特烈二世擔任西西里國王超過五十年，建立了政治制度，並發展出獨特的宮廷文化。

一二五八年，腓特烈二世的庶子（側室所生之子）曼弗雷迪即位。為與之對抗，教宗在一二六三年將西西里王國賜給法王路易九世的弟弟，安茹伯爵查理。三年後，查理擊敗了曼弗雷迪，將宮廷設在拿坡里統治西西里，此舉引發了西西里的強烈反彈。

西元一二八二年，位在西西里島西北部的巴勒摩，發生了查理麾下士兵侵犯西西里當地女性的事件。原本就心存不滿的居民因此發動叛亂，屠殺法國人。這起事件被稱為「西西里晚禱」，法國人因此被逐出了西西里島。

而敗給查理的曼弗雷迪之女婿，亞拉岡王國（現在的西班牙）的佩德羅三世則在西西里島就任西西里國王。

佩德羅三世與查理分別在西西里島及南義大利自稱「西西里國王」。同時存在兩名相同稱號的國王可說是相當罕見的狀況，因此歷

史上將位在南義的王國稱為「拿坡里王國」，位於西西里島的王國則稱作「西西里王國」以做出區別。

佛羅倫斯的苦難

查理・安茹征服西西里王國的軍事行動，促成了佛羅倫斯的發展。這是因為查理的遠征經費是由佛羅倫斯的商人提供的。

西元一二六〇年代後期，查理入侵西西里王國確定取得勝利後，佛羅倫斯商人便前往西西里王國、教宗國、法蘭西王國、英格蘭王國（現在的英國）等地活動，向國王及領主提供融資，發展

當時的日本

百年戰爭期間是日本的南北朝時代，朝廷分裂為吉野的南朝與京都的北朝，各有天皇並彼此對立。受到全國紛爭不斷的影響，此時出現《增鏡》、《神皇正統記》之類的歷史書，以及《太平記》、《義經記》、《曾我物語》之類的軍記物語作品。

金融業。

但榮景並沒有持續太久，佛羅倫斯便遭遇了動盪。一三三九年起，英格蘭王國與法國爆發了百年戰爭，使得佛羅倫斯商人難以在法國從事商業活動。

英格蘭王國以正處於戰時為由，停止向佛羅倫斯商人償還債務。佛羅倫斯的民眾認為遭遇如此經濟危機的責任在於大商人，因而產生不滿。

義大利社會從十三世紀開始，每當都市發生動盪時，往往會出現將權力集中於某一特定人物的狀況。在這種情況下受擁立的人被稱為「領主（Signore）」，由領主進行統治的政體則稱為「Signoria」。

西元一三四一年，佛羅倫斯找回了逃亡至拿坡里王國的安茹家雅典公爵，期待他能夠解決大商人與民眾間的糾紛。

雅典公爵卻利用兩者間的對立進行獨裁統治。由於強行增加民眾的負擔，在被選任為領主後不過兩年，便因民眾發起反抗而遭驅逐。這一連串的發展最終導致佛羅倫斯一部分的大商人沒落，以及新興商人崛起。

另外要提的是，當時在歐洲大流行的黑死病（鼠疫）造成了佛羅倫斯人口減少約四成，對於上述情勢變化也有重大影響。

失業者的叛亂

十四世紀後期，隸屬於二十一個工商業行會組織的有力商人及新興商人主導了佛羅倫斯的政治，不屬於行會組織的中、下層商人及勞工則被排除在外。

毛織物產業的梳毛工對此感到不滿，因而群起反抗，並在一三七八年七月掌握了政權（梳毛工起義）。

當時的日本

梳毛工起義前後，日本是由足利義滿擔任幕府將軍。他在一三七八年於京都建造了別名為「花之御所」的宅邸——室町殿，室町幕府的名稱就是由此而來。一三九二年，足利義滿統合了分裂為南北的皇室，並於一三九七年興建鹿苑寺（金閣寺）。

但手工業者與商人階層對梳毛工組成的新政權發動反擊，於該年八月將梳毛工趕下台。

然而手工業者在一三八二年也遭排除，之後便由有力商人與新興商人聯手掌握政治實權。在這個過程之中，新的統治者也逐漸乘勢崛起。

富商的貢獻

統治佛羅倫斯的貴族中最具代表性的，是麥地奇家族。

麥地奇家族在西元十三世紀於佛羅倫斯賣藥致富，十四世紀時喬凡尼・迪比奇・德・麥地奇開始經營銀行業，進一步累積了財富。還不到一四二〇年，麥地奇家族已在羅馬、拿坡里、加埃塔、威尼斯等地開設分行，擴大事業版圖。

麥地奇銀行的融資對象，都是法國國王、神聖羅馬帝國的諸侯等有頭有臉的人物。麥地奇銀行與羅馬教廷的關係尤其密切，據說超過一半的收益都是來自教廷。

麥地奇家族憑藉其財力在佛羅倫斯擁有巨大的影響力，並在爭權的黨派鬥爭中取得優勢。喬凡尼之子科西莫在自家陣營的權力穩固後，為避免引發民眾反感，刻意不任官，並將個人財產投資於公共事業以博取民眾好感。麥地奇家族在科西莫及其孫子羅倫佐的時代最為興盛。

喬凡尼透過銀行業賺錢的同時，也以贊助人的身分積極保護藝術。佛羅倫斯之所以能成為文藝復興的中心繁榮發展，也與喬凡尼、科西莫、羅倫佐對藝術的大力付出有關。

在黑暗時代綻放光芒的文藝復興

文藝復興（Renaissance）這個詞原本的意思為「重生」，指的是相對於當時以神、宗教為主流的文化，試圖復興重視人性之古希臘、羅馬文化的運動。

若說視人類為罪惡化身的封建社會與以神為中心的世界是「黑暗時代」，而文藝復興正是試圖將人類的自由、本性從黑暗時代解放出來的運動。

其背後因素在於自治城邦的繁榮及都市經濟的興盛，使得義大利的都市市民文化大為發展。這個時代出現了以《神曲》聞名的但丁、寫下《祕密》的佩脫拉克、《十日談》的作者薄伽丘等詩人，首先由藝文界掀起文藝復興的浪潮。

文藝復興時期義大利最具代表性的人物，可說是李奧納多・達文西。

達文西不僅在藝術領域以傑出繪畫作品著稱，留下了描繪女性面露微笑的《蒙娜麗莎的微笑》、氣勢磅礡的壁畫《最後的晚餐》等代表作，他也在科學、土木等領域展現出才華，構思

當時的日本

文藝復興到達顛峰的十五世紀後期，日本興起了東山文化。京都因應仁之亂遭燒毀，幕府也喪失了權威。室町幕府第八代將軍足利義政創造了公家（貴族、朝廷高官）、僧侶、武士、町人（平民）能夠齊聚一堂交流意見的場域，孕育出東山文化。

。

出飛機、直升機、戰車、潛水艇等交通工具的原始雛形，並進行人體解剖。由於他多才多藝，因而被稱為「萬能之人」。

而米開朗基羅則在雕刻、繪畫、建築領域大放異彩。他出生於佛羅倫斯，不顧父母的反對拜入了畫家多米尼哥・基蘭達奧的門下。

當米開朗基羅開始出入麥地奇家族管理的古代雕刻庭園後，在此認識了費奇諾、皮科・德拉・米蘭多拉等人文學者，才華因而受到啟發，後來創作出《聖殤》、《大衛像》等優秀的雕刻作品。

達文西、米開朗基羅，以及留下許多聖母畫、《雅典學院》等畫作的拉斐爾，被稱為「文藝復興三傑」。

除了藝術家之外，尼可羅・馬基維利運用他在佛羅倫斯共和政權下參與外交事務的經驗，於政治思想方面做出卓越貢獻。在西元一五三二年出版的《君王論》中，馬基維利論述了「要統一分裂為小國的義大利，需要何種君主」、「君主該如何維持其權力」等議題。

人們該相信什麼？

當文藝復興如火如荼之際，同一時期的德國則發生了標榜「回歸聖經」的「宗教改革」。

神聖羅馬帝國的神學家馬丁・路德在一五一七年發表了《九十五條論綱》，批判羅馬教會宣稱只要購買贖罪券，罪惡就能得到赦免的行為。路德主張「因信稱義」，認為「只有將《聖經》當作唯一依據的純粹信仰能夠求得救贖」，這與羅馬教會「可透過信仰與善行得到救贖」的教義衝突，引發軒然大波。

德國國內的基督教分裂成了重視教宗、教會的天主教，以及重視聖經內容的新教。這項議題甚至蔓延到整個歐洲，並引發宗教戰爭。

天主教將新教的勢力擴張視為自身的危機，於是著手改革教廷及教會、確立天主教的教義，並積極傳教。這些改革措施被稱為「反宗教改革」。

在路德發表《九十五條論綱》以前，天主教內部也曾出現過「責怪他人之前，應先反求諸己，遵循宗教戒律生活」的運動。

在這項改革中居核心地位的是天主教會的男修會——耶穌會。耶穌會是由依納爵・羅耀拉及方濟・沙勿略等人創立，在西元一五四〇年得到教宗保祿三世的認可。

耶穌會前往世界各地傳教，並將天主教帶到了日本。

教宗保祿三世在一五四五年召開了第一次特利騰大公會議，希望重整天主教會的體制，改革教會。之後到一五六三年為止，特利騰大公會議曾多次舉辦，在會中制定了禁書目錄（教會認為對天主教有害而禁止民眾閱讀的書籍清單）的規範，並強化宗教法庭。

促成這些改革最根本的動機，是「使所有人信仰基督教」的心態。為達成這個目標，則必須培育主教、司鐸，引領民眾入門。

為提升主教、司鐸的素質，天主教會規定各教區都要設置神學院以培育神職人員。然而，許多主教、司鐸只想維護自身的既有利益，因此改革成效不彰。

在這種情況下，修會承擔起了培育主教、司鐸的重任。其中又以耶穌會最積極投入天主教改革與傳教，並且不侷限於宗教，而是以培養社會上各種領域的菁英為目標，在各地設立寄宿學校。

此外，耶穌會實施的教育課程是以「全人教育」為理想，進行各方面的培育，並非只偏重知識及技術，為社會栽培出許多人才。

耶穌會十分重視組織間的連結，扮演了社會上層與下層、都市與農村、歐洲與亞洲間溝通橋梁的角色。

霸權爭奪的結局

文藝復興的風潮在十四~十五世紀席捲義大利

當時的日本

耶穌會的方濟・沙勿略在一五四九年來到日本，傳入了基督教。之後，亞歷山德羅・范禮納諾（范禮安）也在一五七九年前來。為使歐洲了解耶穌會傳教士的傳教成果，並取得教宗的援助，日本在一五八二年派出了使節前往義大利。

半島之際，各國間則為了爭奪主導義大利的霸權而戰事不斷。

西元一四五〇年，法蘭切斯科・斯福爾扎繼承米蘭公國一事引發了戰爭。參戰雙方分別是反對其繼承的威尼斯、拿坡里、薩伏依、蒙費拉托組成的同盟，以及米蘭、佛羅倫斯、熱那亞、曼切華的同盟。

但在一四五三年，勢力擴張到巴爾幹半島及地中海的鄂圖曼帝國穆罕默德二世攻陷了君士坦丁堡，東羅馬帝國因而滅亡。對於鄂圖曼帝國的入侵，義大利各城市也感受到了危機。

由於威尼斯位在義大利的東北部，因此對鄂圖曼帝國的威脅感受更為深刻。這次危機促成了威尼斯共和國、米蘭公國、佛羅倫斯共和國、教宗國、拿坡里王國等五個在義大利半島上相爭的大國修復關係。

一四五四年的四月，威尼斯與斯福爾扎家之間簽訂了《洛迪和約》，協議威尼斯承認斯福爾扎家的米蘭公爵繼承權，斯福爾扎家則要歸還其擁有的威尼斯領土。和約是在義大利北部的洛迪簽訂的，因此名為《洛迪和約》。

洛迪和約簽訂前後的義大利半島

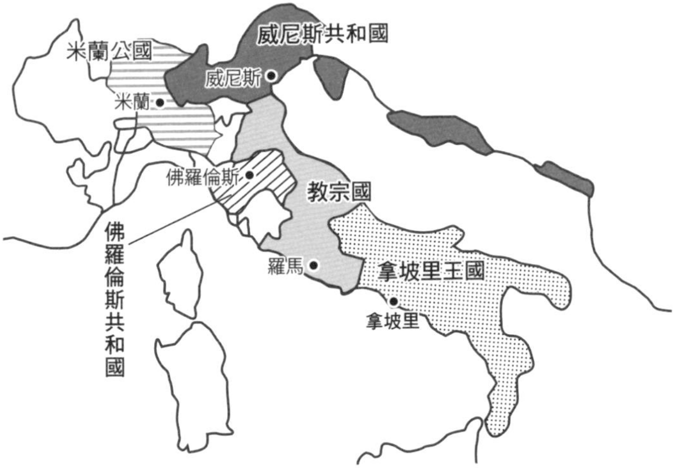

繼這兩國之後，佛羅倫斯共和國、教宗國、拿坡里王國也分別簽訂了互不侵犯條約，五大國間的紛爭因此暫時告一段落。

義大利半島在此之後維持了約四十年的和平。

法國攪亂一池春水

五大國間雖然建立了同盟關係，但教宗與威尼斯、佛羅倫斯間的領土紛爭並沒有平息。

將五大國間的和平破壞殆盡的

決定性關鍵，出現在西元一四九四年。法蘭西王國在這一年攻入義大利，引發義大利戰爭。這場戰爭持續到了一五五九年，義大利半島淪為鄰近大國爭奪霸權的戰場。

法國國王查理八世宣稱擁有拿坡里的王位繼承權，率領超過兩萬人的軍隊入侵義大利，並在一四九五年二月占領了拿坡里。同一時間，佛羅倫斯的麥地奇家族由於允許法軍入侵，引發了民眾反感，結果遭驅逐至國外。

至於五大國中的教宗國、威尼斯共和國、米蘭公國則與西班牙、神聖羅馬帝國組成了「反法同盟」，主導者是教宗亞歷山大六世。查理八世研判情勢不利，於是自義大利撤退，返回了巴黎。

查理八世自義大利遠征歸來後不久，便因意外去世。繼承王位的路易十二世於一四九九年再度入侵義大利，這次占領了米蘭。

占領了米蘭的路易十二世，同樣覬覦查理八世未能得手的拿坡里王位繼承權。但法軍敗給了亞拉岡（西班牙）軍，根據西元一五〇四年簽訂的條約，由西班牙王室繼承拿坡里的王位。

一五二一年，教宗儒略二世因畏懼法國在北義的勢力擴張，與威尼斯、西班牙組成了「神聖同盟」。由於神聖同盟的軍隊進逼米蘭，法國便放棄米蘭，撤退回國。

但到了一五一五年，在路易之後繼任法王的法蘭索瓦一世又再度占領米蘭。而哈布斯堡家族的查理則於一五一六年即位成為西班牙國王，一五一九年與法蘭索瓦一世相爭後勝出，獲選為神聖羅馬皇帝（查理五世）。

在此之後，查理與法蘭索瓦間爆發了四次義大利戰爭。

無比強大的查理五世

法王法蘭索瓦一世在一五二五年的帕維亞之戰敗給查理五世的軍隊，並遭俘虜。法蘭索瓦一世獲釋後，與教宗克萊孟七世組成同盟對抗查理五世。

查理五世對此感到不滿，於是進軍羅馬，大肆燒殺擄掠，並監禁了教宗（羅馬

「查理」統治的地區

出處：根據《詳說世界史 B》（山川出版社）P218 繪製

之劫）。

教宗克萊孟七世眼見羅馬遭破壞殆盡，只得向神聖羅馬帝國投降。

帕維亞之戰後，法國放棄了米蘭與熱那亞，拿坡里、西西里及薩丁尼亞也已被西班牙控制。

麥地奇家族也因查理五世的旨意重返佛羅倫斯。由於教宗國投降，查理五世將大部分的義大利納入了版圖。

查理五世後來在義大利中部

的波隆那獲得教宗正式承認為皇帝，一五三三年至一五三四年與義大利各國組成了「波隆那同盟」。

義大利戰爭畫下句點

查理五世在西元一五五六年退位，將西班牙王位交給兒子菲利普二世繼承，神聖羅馬帝國的皇帝則是由弟弟斐迪南一世繼任。

至於在法國，法蘭索瓦一世的兒子亨利二世在一五四七年繼承了王位。亨利二世與西班牙又再度點燃戰火，一五五七年於「聖康坦戰役」敗北，並在一五五九年簽訂「卡托–康布雷西和約」，結束了義大利戰爭。法軍根據該和約自義大利撤軍，西班牙則統治義大利許多地方，亨利二世還將女兒嫁給菲利普二世。

一五五九年的義大利（西班牙統治下）

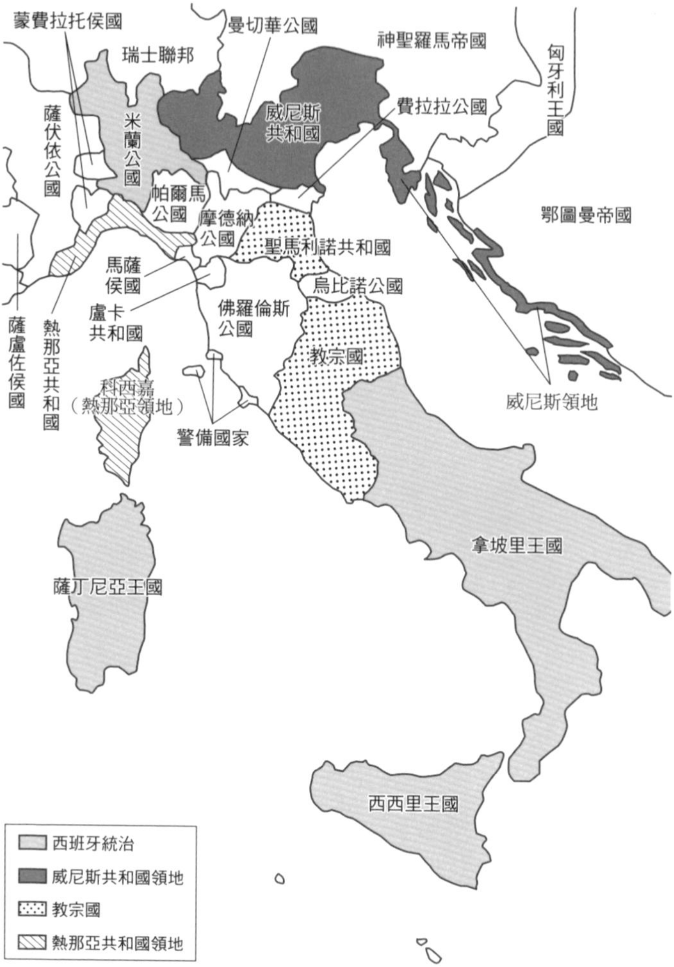

出處：根據《新版 世界各国史 15 イタリア史》（山川出版社）P251繪製

義大利是屬於誰的？

義大利在卡托－康布雷西和約所建立的國際架構下進入了十七世紀。

但西元一六一八年時，神聖羅馬帝國因天主教與新教的對立，爆發了三十年戰爭。天主教國家法國與支持新教的哈布斯堡家族開戰，於是義大利北部成為了戰場。

法國雖與統治米蘭公國的西班牙交戰，不過雙方在一六五九年簽訂了庇里牛斯條約，戰爭至此結束。這場漫長的戰爭幾乎沒有為法國在義大利帶來任何利益。

在這動盪的情勢之中，義大利半島上唯一的獨

當時的日本

西元一六〇〇年，德川家康在關原之戰擊敗石田三成，一六〇三年開設江戶幕府。後續又在一六一四年冬季及翌年夏季的大坂之役消滅了豐臣家。江戶幕府精心安排分配各諸侯的領地，並制定參勤交代等制度強化權力，建立了安定統治的根基。

立國家是薩伏依公國。

薩伏依公國的許多領土在義大利戰爭時遭法國占領，但因卡托－康布雷西和約得以收回。薩伏依公國在這時將首都由原本的尚貝里遷到了杜林。此後，薩伏依公國與義大利的關係將日益密切。

貿易上也處於落後

威尼斯共和國的商人馬可・波羅曾在十三世紀遠赴亞洲，並於蒙古人建立的元王朝任官。他以口述方式留下了旅行紀錄《馬可・波羅遊記》，在後來出版成書。這本書中也首次向歐洲提到了日本的存在。

歐洲各國受到這本書的影響而對亞洲產生興趣、葡萄牙王子恩里克在非洲大陸

西岸的探險等，促成了十五世紀至十七世紀的「大航海時代」揭開序幕。

葡萄牙選擇往東開拓前往印度的航路，與之對抗的西班牙則決定向西航行，發現了所謂的「新大陸」。自此之後，印度、東南亞便成了葡萄牙的勢力範圍，西班牙則掌控新大陸。

新航路的發現改變了原本的貿易物流路線，也使得歐洲的貿易中心從地中海海域轉移到大西洋沿岸。因此，通過地中海的東方貿易大不如前，使義大利遭受嚴重打擊。

貿易萎縮導致的經濟衰退也拖慢了義大利近代化的腳步。

薩丁尼亞王國成立

西元一七〇〇年，西班牙國王所屬的哈布斯堡家族因卡洛斯二世未留下子嗣便去世，至此斷絕。由於法王路易十四世的孫子菲利普繼位成為費利佩五世，西班牙的王位轉移到了波旁家族。在當時，法國國王也是出身波旁家族。

英國畏懼西班牙與法國聯合坐大，在一七〇一年與哈布斯堡家族的奧地利、荷蘭等國結為同盟，並於隔年向法國、西班牙宣戰，爆發了西班牙王位繼承戰爭。

薩伏依公國的維托里奧・阿梅迪奧二世起初支持法國、西班牙方，但後來接受了奧地利的拉攏，轉投反法陣營。

一七一三年簽訂的烏得勒支和約與翌年的拉什塔特和約終結了西班牙王位繼承戰爭。最終，奧地利獲得了拿坡里王國、米蘭公國、薩丁尼亞島，薩伏依公國也因對法作戰的貢獻受到肯定而得到西西里島。

但西班牙對此反彈，分別在一七一七年、一七一八年奪回了薩丁尼亞、西西里。這次則輪到奧地利反擊，英國及法國也出手干預，壓下了西班牙的行動。最終，根據一七一八年的倫敦協定、一七二〇年的海牙條約，西西里島歸奧地利，薩丁尼亞島歸薩伏依家擁有，薩伏依家原本的西西里王位換成了薩丁尼亞的王位。如此一來，便誕生了擁有薩伏依、皮埃蒙特、薩丁尼亞等領土的「薩伏依王國」。

誇張的藝術

巴洛克藝術的「巴洛克」這個詞帶有「極端」、「誇張」、「不尋常」的意思，與文藝復興時期將均衡視為「美」的藝術風格形成了對比，流行於十七世紀義大利、法國、西班牙、法蘭德斯、荷蘭、德國等地。

歸類為巴洛克藝術的作品皆充滿動感，且明暗對比鮮明，風格強烈。

在繪畫方面，卡拉瓦喬展現出自然主義、運用明暗對比的嶄新畫風，廣受矚目。雕刻、建築領域的貝尼尼則在羅馬各處留下了巴洛克風格的華麗裝飾。

音樂方面則有歌劇的誕生。歌劇是一種直接將台詞寫為歌詞，透過歌曲推動情節發展的戲劇。雅各布・佩里曾在佛羅倫斯上演其作品《尤麗蒂切》，這部作品被認為是世界上現存最古老的歌劇。之後，蒙台威爾第也在曼切華推出《奧菲歐》上演，博得好評。

貴族的畢業旅行

歐洲的情勢在十八世紀中葉回到了相對安穩的狀態。交通網在此時開始建立起來，各地也逐漸出現旅館、驛站馬車等。英國上流階層的子弟為了增廣見聞，興起在歐洲大陸長期旅行的風潮，這樣的旅行被稱為「壯遊（Grand Tour）」。

當時旅行需要龐大的花費，因此只有出身特權階級的人有能力壯遊。壯遊可說是「貴族的畢業旅行」，但其實這不只是單純的觀光，從與各地上流階級、專家學者交流，或是赴大學短期就讀，到購買書籍、美術品等，旅行的目的五花八門，有時甚至長達數年。

由於義大利有許多古羅馬及文藝復興時期的遺產，成了熱門的旅遊地點。

旅遊的路線除了「經海路從港口都市上岸」這種傳統行程外，「翻越阿爾卑斯山脈由陸路前往義大利」的路線也變多了。只不過，翻越阿爾卑斯山脈是相當嚴苛的挑戰。

祕密專欄

義大利的世界遺產

數量為全世界最多

義大利與中國同為擁有最多世界遺產的國家。截至二〇一九年十二月，義大利擁有五十件文化遺產、五件自然遺產，合計五十五件。日本擁有的世界遺產為二十三件，就數量而言，義大利是日本的兩倍以上。

義大利之所以擁有眾多世界遺產，原因就在於羅馬帝國的首都——羅馬。古羅馬從王政到共和制、元首制、帝制，曾經歷過多次政治體制的變動。在這段超過千年的期間中，羅馬始終居於中心地位。

羅馬最具代表性的世界遺產包括了西元八十年由皇帝提圖斯皇帝下令興建的圓形競技場；西元前六世紀前後至二九三年扮演了古羅馬政治、經濟、商業中心角色的「古羅馬廣場」；卡拉卡拉皇帝在二一六年下令興建的公共浴場「卡拉卡拉浴場」等，這些

卡拉卡拉浴場

位於「歷史中心」的舊宮

雄偉的世界遺產讓現代人得以想像古羅馬民眾的生活。

當然，義大利不是只有羅馬有世界遺產。

文藝復興的重鎮佛羅倫斯由於保留了許多歷史建築、雕刻等藝術作品，因此有一整區直接被指定為世界遺產「佛羅倫斯歷史中心」。而米蘭的恩寵聖母教堂則有李奧納多・達文西的作品《最後的晚餐》，是深受文藝復興風格影響的珍貴建築。

義大利不僅是古羅馬的中心，在文藝復興時期也曾綻放耀眼光芒，因此擁有為數眾多的世界遺產。

不可不知的義大利偉人❷

堅持正確觀念的「天文學之父」

伽利略・伽利萊

Galileo Galilei

（1564 ～ 1642）

歷經三百五十年後洗刷罪名

伽利略在西元一五六四年出生於托斯卡尼地方的比薩。進入比薩大學就讀後，伽利略埋首於數學及物理，但因其性格乖僻，屢屢與教授發生衝突，最後並未畢業便從學校中輟。

一五九二年，伽利略成為了帕多瓦大學的教授，在至一六一〇年為止的這段時間教導幾何學、數學、天文學，同時從事研究工作。伽利略改良了望遠鏡並持續觀測天體，確信波蘭天文學家哥白尼提倡的地動說是正確的。他發表了許多佐證哥白尼學說的文獻，但因內容違背聖經的教誨，兩度接受宗教審判並被判有罪，在遭軟禁的期間去世。

經過了數個世紀，教廷在一九九二年正式承認判決有誤，教宗若望・保祿二世並對此道歉。伽利略在死後三百五十年，終於獲判無罪。

chapter 3

邁向統一之路

啟蒙思想傳至義大利

義大利在十八世紀逐漸出現改變的跡象。其中一項影響，就是當時盛行於英國及法國等地的啟蒙思想（有別於過去以宗教為中心的思維，重視理性、獨立思考的思想）也在義大利廣為流傳。

英國哲學家湯瑪斯・霍布斯在十七世紀後期提出了「社會契約論」，將國家與人民的關係視為一種契約；另一位英國哲學家約翰・洛克則提倡以自由及平等的權利為基礎的政治，這兩人被視為啟蒙思想的先驅。

而法國有寫下《論法的精神》的孟德斯鳩、《社會契約論》的作者盧梭，普魯士王國（德國）則有以提倡「批判哲學」聞名的康德等人傳播啟蒙思想。

義大利各地在十八世紀中葉出版活動蓬勃，各地出現了要求行政、財政改革的聲浪。

除了政府機關，義大利的啟蒙思想家也在政治、經濟、社會等各種不同領域，積極推動司法、行政機關及稅收制度、糧食政策、農業技術、不動產登記資料、商品流通等改革。

在這波改革浪潮中居關鍵地位的，是米蘭公國與拿坡里王國。米蘭公國的貴族皮耶特羅・維里組織了一個被稱為「拳之會」的社團，疾呼社會改革，並發行機關誌，希望藉此形成輿論。

與維里一同組成「拳之會」的友人，同時也是法律學者的切薩雷・貝卡里亞則批判過去的殘酷刑罰，主張廢除刑求及死刑，在全歐洲引發了熱烈迴響。

至於在拿坡里，大學教授安東尼奧・傑諾維西認為應進行經濟改革以改善社會狀態，許多他門下的學生後來都成為啟蒙思想家，形成了「傑諾維西學派」。

一七六三年拿坡里發生飢荒，傑諾維西學派的啟蒙思想家為消除社會上的飢餓與貧窮，針對領主的統治及土地所有狀況向政府提出了各式各樣的改革方案。

這個時代的義大利之所以啟蒙思想興盛，並能推動改革，是因為維持了相對和平的狀態。但十八世紀末的法國大革命，以及隨之而來的歐洲動盪，使得義大利半島的和平與啟蒙運動的發展畫下了休止符。

義大利國王拿破崙

發生在西元一七八九年的法國大革命，是一場民眾推翻君主政權的革命，撼動了整個歐洲。此時，一個名為雅各賓俱樂部的激進政治組織在君主政體遭廢後的法國迅速崛起。

受到法國的雅各賓俱樂部影響，義大利也出現了主張建設新社會的運動，其推動者則泛稱為與雅各賓音近的「雅各賓尼」。

十八世紀中葉的義大利啟蒙主義者追求的是在君主政體的框架下進行社會改革，雅各賓尼則認為「要重建義大利社會，就必須終結君主政權，改為共和制，並去除義大利內的國界進行統一」。

在此之前，知識分子間雖然認知到語言、宗教等義大利在文化方面的共通性，但是雅各賓尼率先訴求政治上的統一。在這一層意義上，將雅各賓尼視為十九世紀義大利統一運動源頭的見解就更有說服力了。

順便說明，義大利統一運動在義大利語中一般稱為「Risorgimento」，這個詞的本義是「復興」。「Risorgimento」原本指的是讓義大利變得更好的政治、經濟、文化、社會整體的行動，統一運動只是其中一部分。

西元一七九六年，拿破崙率領的法國革命軍為對抗奧地利而入侵義大利。在法軍駐守期間，三年內陸續出現了奇薩爾皮納共和國、羅馬共和國、拿坡里共和國等共和政體國家，這三年被稱為「革命的三年」或「雅各賓尼革命期」。

當時的日本

一七九二年，俄羅斯特使拉克斯曼前往根室要求通商，後來發生了俄羅斯人登陸擇捉島等事件，日方也進行了蝦夷地（北海道、庫頁島、千島群島等地）的調查。此後，伊能忠敬向幕府申請測量蝦夷地的許可，並於一八〇〇年開始測量。

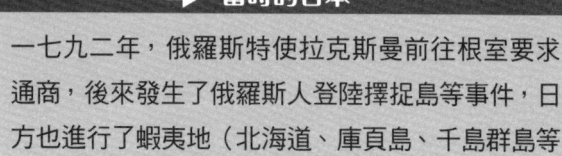

在此之後，當上法國皇帝的拿破崙將皮埃蒙特、托斯卡納大公國、教宗國併入法蘭西帝國，又在義大利東北部至中部新建立義大利王國，親自擔任義大利國王，並任命養子歐仁・德・博阿爾內為親王。南部的拿坡里王國則由拿破崙的哥哥約瑟夫出任國王。

如此一來，義大利被拿破崙分成三塊統治，並引進了法國民法典（拿破崙法典）等各項改革。

在這段期間，不在法國統治範圍內的，就只有受英國保護的西西里島與薩丁尼亞島。

新國際秩序

拿破崙雖將勢力擴及整個歐洲，但俄羅斯、奧地利、英國等國組成的反法同盟展開反攻，逐漸逼退拿破崙。西元一八一五年，拿破崙於滑鐵盧戰役失利後，他建立的體制也遭推翻。

為了商討如何重整歐洲，各國代表聚集於維也納舉行會議。在這次會議中決定的歐洲新國際秩序被稱為「維也納體制」。

義大利基本上恢復為拿破崙入侵以前的狀態，西北部的皮埃蒙特與薩丁尼亞島合併成為薩丁尼亞王國，東北部則是奧地利統治的倫巴底－威尼托王國，中部為教宗統治的教宗國，以及受奧地利左右的托斯卡納大公國、帕爾馬公國、摩德納公國。南部的拿坡里王國與西西里王國則合併成了波旁王朝的兩西西里王國。

四處發生革命

在維也納體制下，義大利再次回到了小國林立的狀態。但透過雅各賓尼的傳播，各地希望施行共和制及追求統一的行動並未消失。因此許多地方都發生了革命，正式展開義大利統一運動。

革命運動初期最活躍的，是名為「燒炭黨」的地下社團。一般認為燒炭黨是在拿破崙遠征義大利後成立的，成員將自己比喻為燒炭工，並以森林、山屋等暗語代表社會、集會所。

燒炭黨最初在義大利南部活動，維也納會議後，受到對於恢復舊體制心生不滿的廣大群眾支持，勢力擴張到了整個義大利。

西元一八二〇年，以燒炭黨為首的勢力在拿坡里發動「拿坡里革命」，要求制定憲法，國王費迪南多一世因此不得不頒布憲法。

隔年，位於薩丁尼亞王國核心地帶的皮埃蒙特，一群年輕軍官發起「皮埃蒙特革命」，逼迫國王埃馬努埃萊一世退位。

維也納體制下的義大利半島

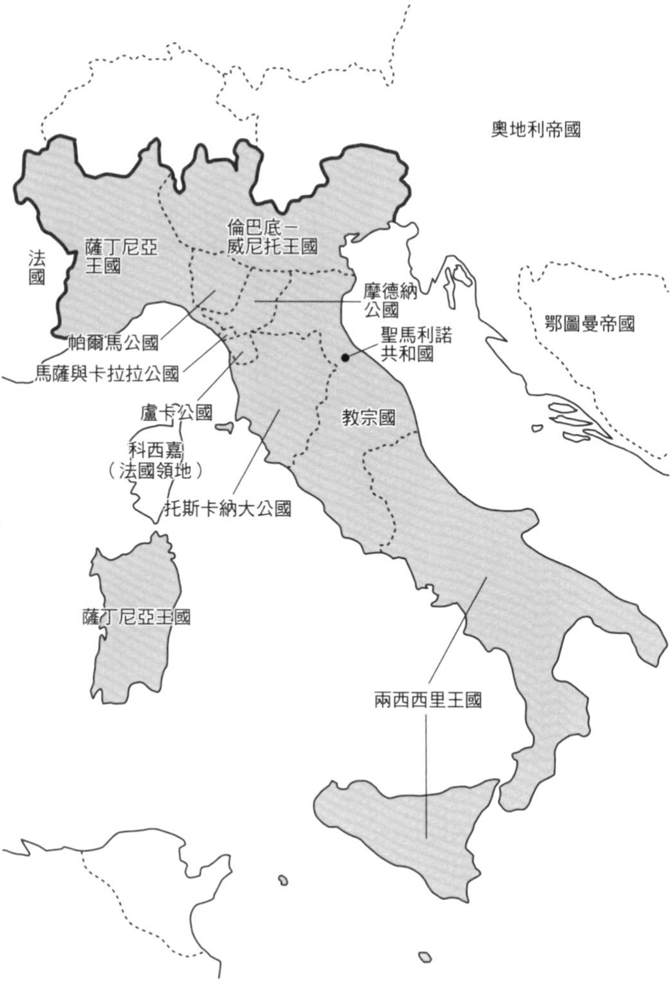

拿坡里革命、皮埃蒙特革命雖然看似成功，但奧地利擔心革命之火蔓延，因此立即派兵鎮壓。奧地利軍於一八二一年三月弭平了拿坡里的革命，並在翌月入侵皮埃蒙特，打倒新政府。

後來整個義大利的革命運動都遭受嚴重打壓，燒炭黨逐漸沒落。

燒炭黨的沒落也與其內部因素有關。由於成員包括了貴族、中產階級（都市的工商業者等）、小地主、基層官員等，本身各有不同立場，因此組織缺乏一致性。另外在行動目的方面，成員只對打倒專制政治與制定憲法的大方向具有共識，但欠缺具體的政治規劃及社會改革的展望。

不過，許多後來投身義大利統一運動的革命家都曾是燒炭黨成員，因此可說是燒炭黨奠定了義大利統一的根基。

青年義大利的成立

馬志尼、加里波底、加富爾三人對於義大利完成統一做出了卓越貢獻，因而被稱為義大利建國三傑。

朱塞佩•馬志尼生於熱那亞，原本是燒炭黨成員，但在從事革命運動時感受到了燒炭黨本身的局限性。他於一八三〇年遭逮捕，隔年遭驅逐出境，後來到法國馬賽，成立了名為「青年義大利」的革命組織。

青年義大利的目標是透過共和政體統一義大利，投入了武裝鬥爭與一般民眾的教育。西元一八三三年，青年義大利計畫於皮埃蒙特起義，並有意在翌年於熱那亞、薩伏依起義，但皆以失敗收場。日後在義大利統一上扮演重要角色的朱塞佩•加里波底也曾參與熱那亞的起義計畫。

另一方面，對於馬志尼的激進作風持批判態度的穩健自由主義派也逐漸抬頭。這一派並不主張打倒君主政權，而是認為應該在君主體制下進行改革，同時擺脫奧地利的影響。

代表性的穩健自由主義派包括了歷史學家兼政治家切薩雷•巴爾博等人。此後，義大利統一運動便形成了穩健自由主義派主張的君主立憲制，以及激進革命家所主張的共和制兩大路線。

但隨後在一八四八年，法國發生了二月革命，又使得情勢產生巨大變化。

二月革命發生後，法王路易・菲利普逃離巴黎，法國再次廢除君主政體，改行共和制。

而且，奧地利、普魯士王國（德國）等國也掀起革命浪潮，遍及全歐洲，摧毀了維也

納體制。這一連串的革命被稱為「一八四八年革命」，或是「民族之春」。

二月革命成功實現共和制以及奧地利陷入混亂的同時，義大利的各國也傳出叛亂。

首先是西西里的巴勒摩發生叛亂，迫使兩西西里國王費迪南多二世頒布憲法。此一發展影響到了義大利其他各國，托斯卡納大公國及薩丁尼亞王國也相繼頒布憲法。

而在奧地利直接統治的倫巴底－威尼托王國，米蘭與威尼斯也有民眾起義。在市區激烈交戰後，叛亂勢力成功迫使奧地利軍撤退，米蘭與威尼斯分別成立了臨時政府。

兩次獨立戰爭

在民眾群起革命之際，薩丁尼亞國王卡洛・阿爾貝托接受了米蘭臨時政府的求援，並企圖合併義大利西北部的倫巴底地方，於是向奧地利宣戰，這便是「第一次義大利獨立戰爭」。這場戰爭在薩丁尼亞軍敗北，米蘭遭奧地利奪回後宣告結束。

但各地的叛亂並未停止，西元一八四八年十一月，有力人士佩雷里諾・羅西在教宗國遭暗殺，教宗庇護九世逃出羅馬。

教宗國在翌年首度舉行議會選舉，一八四九年二月宣布建立「羅馬共和國」。

羅馬共和國的政府迎來了馬志尼，並制定信仰自由、廢除死刑、教育無償化等政策。加里波底當時也參與了羅馬共和國的建國。

歷經一場又一場叛亂，義大利各國紛紛頒布憲

當時的日本

西元一八四八至四九年的義大利革命結束後，美國的培里司令在一八五三年率領四艘軍艦現身於浦賀海域，撼動了整個日本。同年，俄羅斯大使普提雅廷前往長崎，要求日方開國通商。日本長年來堅守的鎖國體制自此開始鬆動。

法，專制政治似乎已經走到了盡頭。但羅馬共和國建國僅五個月後，便遭法軍進攻而無力支撐。奧地利也捲土重來反攻其他各國，義大利的革命運動因而受阻。最後，義大利又再度受到奧地利支配，除了薩丁尼亞王國以外，其餘國家全都廢除憲法，恢復為專制政體。

薩丁尼亞王國當時為義大利唯一的君主立憲國家，首相卡米洛•加富爾致力於發展產業、擴大銀行業務，以及建立鐵路、海運等社會基礎建設，進行國內改革。另外並與英國、比利時等國簽訂通商協定，推動自由主義經濟，還採行參加克里米亞戰爭等積極的外交政策。

薩丁尼亞王國用了約十年時間提升國力，並與拿破崙的侄子——法皇拿破崙三世結為同盟，於西元一八五九年向奧地利開戰，展開了「第二次義大利獨立戰爭」。

這場戰爭的時間不長，法國與薩丁尼亞聯軍在六月四日的馬真塔戰役擊敗了奧地利軍，又於六月二十四日的索爾費里諾戰役取得勝利。

第二次義大利獨立戰爭關係圖

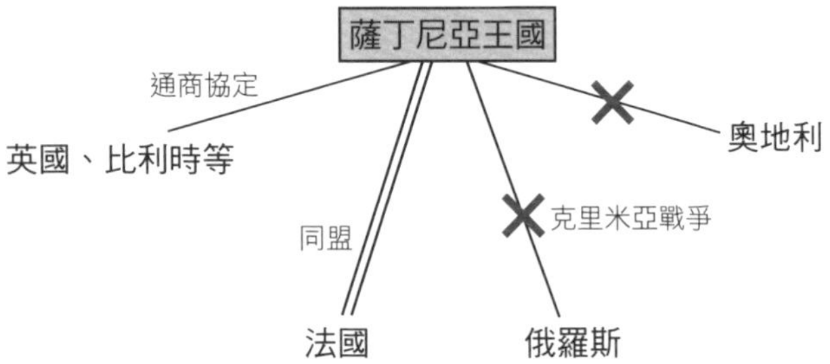

然而，拿破崙三世在此時選擇停戰，與奧地利簽下自由鎮條約，薩丁尼亞僅獲得了倫巴底地方。

但以薩丁尼亞王國為中心的義大利統一運動氣勢未減，托斯卡納大公國、帕爾馬公國、摩德納公國、教宗國北部的雷加濟歐涅地區都在該年決定與薩丁尼亞王國合併。

千人進軍西西里島

第二次義大利獨立戰爭後，義大利剩下了薩丁尼亞王國、統治威尼托的奧地利帝國、教宗國、兩西西里王國等四個國家。

西元一八六〇年，西西里島的巴勒摩發生叛亂。民主主義派的一員，過去曾參與各地叛亂的革命家加里波底為支援西西里島的叛亂，集結了約一千名義勇軍組成「千人隊」。這支部隊有些人身著紅衫，因此又被稱作「紅衫軍」。

千人隊登陸西西里島後，一面吸收當地叛軍擴大規模，一面進軍，最終控制了西西里島。加里波底進一步橫渡美西納海峽進攻拿坡里，瓦解了兩西西里王國。

此後，加里波底原本有意進軍至羅

馬，但薩丁尼亞王國首相加富爾對其勢力壯大懷有戒心，派出了薩丁尼亞的軍隊擋下加里波底。

加富爾是穩健自由主義派的政治人物，意圖阻止獨立與統一的主導權落入激進民主主義派手中。此外，加富爾也極力想要避免防衛羅馬的法軍與加里波底軍交戰，引來法國介入。

另外在加富爾的運作下，拿坡里與西西里以壓倒性多數通過了與薩丁尼亞王國合併的公投。

加里波底只得順應公投結果，將自己征服的領土交給薩丁尼亞王國的維托里奧・埃馬努埃萊二世。

如此一來，義大利就在各國併入薩丁尼亞王國的形式下達成了統一。西元一八六一年，統一後

當時的日本

一八五八（安政五）年至翌年，江戶幕府的大老井伊直弼將反對其政策的諸侯、朝廷官員、志士拘捕入獄，史稱安政大獄。前水戶藩主德川齊昭及吉田松陰等人皆遭受嚴厲處罰。一八六〇年，井伊直弼在櫻田門外遭水戶藩的浪人等人暗殺身亡。

的義大利定名為「義大利王國」。義大利王國為君主立憲國家，國王是維托里奧・埃馬努埃萊二世，這符合了自由主義派的期待。

但對於以民主共和政體為目標，推動義大利統一運動的馬志尼及加里波底而言，這並非令人滿意的形式。而且，義大利王國沒有制定新憲法，只是沿用薩丁尼亞王國的憲法。義大利王國首都最初在杜林，後來在一八六四年遷往佛羅倫斯。

睽違近一千三百年的統一

義大利王國成立時，並沒有統一奧地利統治

的威尼托地方與法軍駐守的羅馬教宗國。

西元一八六六年，義大利王國首相里卡索利與普魯士結為同盟，為解放威尼托而加入了普奧間的戰爭。

義大利統一時的勢力圖

這場戰爭被稱為「第三次義大利獨立戰爭」，雖然義大利未能獲勝，但由於普魯士軍取得勝利，義大利因而成功合併了威尼托。

一八七〇年時，德國則與法國發生了戰爭，原本駐守羅馬的法軍撤退回國。

義大利軍在同年九月占領羅馬，將教宗國併入。

教宗失去了大部分領地，形同被囚禁在天主教會的大本營梵諦岡。

義大利政府因此與羅馬教會關係惡化，天主教徒對新成立的義大利王國採取不合作的態度。

羅馬併入之後，義大利幾乎完成了統一。自西元六世紀倫巴底人入侵北義以來，時隔約一千三百年後，從阿爾卑斯山脈經半島南部至西西里島為止，義大利全境再次整合成了一個國家。

西元一八七一年，義大利王國的首都從佛羅倫斯遷到了羅馬。雖然行政中樞在首都，但其他都

當時的日本

西元一八七一（明治四）年，日本的明治政府推動廢藩置縣，轉變為歐美先進國家施行的中央集權體制。明治政府廢除了全國兩百六十一個藩，改為三府與七十二縣。此外，西鄉隆盛、木戶孝允也以參議的身分從事政體改革工作。

市依舊維持著各自的文化圈。義大利現在也仍具有重視各地傳統的多中心主義傾向。

與日本的交流

義大利王國成立三年後，也就是一八六四年，義大利駐法大使康士坦提諾・尼古拉在巴黎與江戶幕府使節池田長發就簽訂通商條約一事進行了協商。當時義大利產絲的蠶因傳染病導致蠶繭產量銳減，於是有意從日本進口蠶卵，重振國內的製造業。

兩年後，義大利派遣的使節維托里奧・阿爾明雍赴橫濱簽訂了「日義修好通商條約」。義大利的蠶種商（買賣蠶卵的商人）因而開始赴日採購蠶種及蠶繭，兩國間的蠶卵貿易熱絡。

一八六七年上任的特命全權公使維托里奧・德・拉・圖爾還曾親自前往上州

（現在的群馬縣）的養蠶地帶視察。

後來的明治政府派遣了以全權大使岩倉具視為首的使節團前往歐洲。使節團在一八七三年春天曾於義大利停留約一個月，一行人造訪了佛羅倫斯、羅馬、拿坡里、威尼斯等主要都市視察產業及文化，並留下詳細紀錄。使節團返國後將此行的見聞彙整成了《美歐回覽實記》一書。

「未收復的義大利」是指哪裡？

義大利王國雖在將羅馬併入後完成了統一，但東北部的特倫提諾與的里雅斯特仍受奧地利統治。這些地方被稱為「未收復的義大利」。

為奪回未收復的失土，義大利興起了「Irredentismo」（收復領土）運動。許多民主派、共和派的團體都參與了這項運動。的里雅斯特的愛國人士古列爾莫・奧貝丹甚至計劃暗殺奧地利皇帝法蘭茲・約瑟夫一世，最終遭處死。

「未收復的義大利」

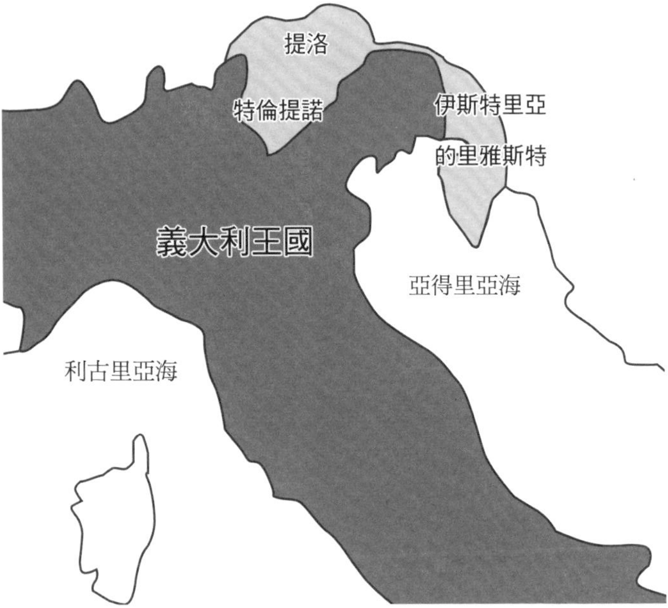

義大利與奧地利雖然關係不佳，但在國際關係上，義大利與德國親密，因此也透過德國逐漸加深了與奧地利的關係。當歐洲列強紛紛往海外發展後，義大利也開始把目標放在非洲。

不可不知的義大利偉人❸

領導「青年義大利」的革命家

朱塞佩・馬志尼

Giuseppe Mazzini

（1805～1872）

持續追求義大利的統一與自由

馬志尼在西元一八〇五年出生於熱那亞。他在學生時期成績優秀，從熱那亞大學畢業後，曾擔任執業律師。

一八二七年，馬志尼加入了地下社團燒炭黨，之後在逃亡到法國馬賽時，成立追求義大利統一、獨立、自由的組織「青年義大利」。一八四九年，馬志尼被選為因革命而剛建立的羅馬共和國首長之一。

而在文學方面，馬志尼對於詩人但丁筆下作品的說明、解釋也獲得了高度評價。

君主制的義大利王國並未實行馬志尼追求的共和政體，不過一八七二年馬志尼在比薩去世後，共和主義運動繼承了他的遺志，持續朝實現共和制的目標前進。

chapter 4

第一次世界大戰與法西斯主義

與法國的角力

義大利在西元一八八二年與德國、奧匈帝國締結了三國同盟。

由於非洲國家突尼西亞過去以來便與義大利有經濟交流，因此義大利將其視為自己的勢力範圍。然而法國卻將突尼西亞納為保護國，使得義大利國內反法情緒高漲。

於是義大利便與和法國對立的德國結盟，與奧地利間雖然因「未收復的義大利」問題存有心結，但三國仍舊結成了同盟。

十九世紀末歐洲各國的關係

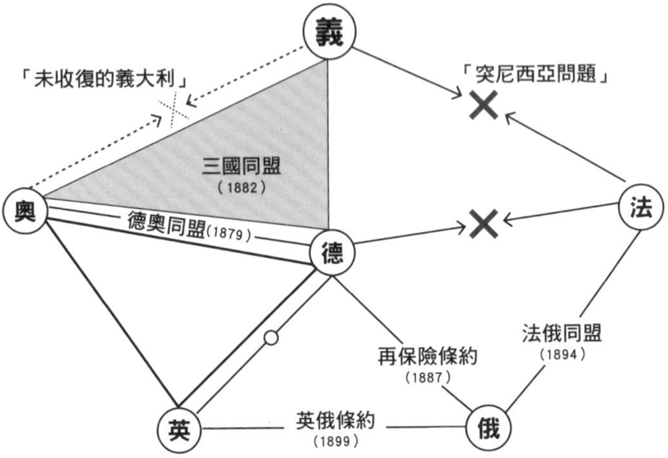

首位來自南部的首相

為躋身列強之林，義大利首相弗朗西斯科・克里斯皮積極想要建立殖民地。克里斯皮出身自阿爾巴尼亞移居到西西里的商人家庭，過去曾參與革命運動，於加里波底征服西西里（參閱112頁）時擔任過參謀。

義大利統一後，克里斯皮支持加富爾主導的君主立憲政治，當上了下議院議員，並在一八八七年成為首位南部出身的首相。他建立了義大利國內的各種法律制度，推動行政改革，加強中央對地方的權限。

在外交政策方面，克里斯皮則強化三國同盟，並在非洲擴張勢力，展現出強硬的態度。

然而，義大利在西元一八九六年的阿杜瓦戰役慘敗給衣索比亞軍，陣亡多達一萬六千人。這場戰役粉碎了義大利進軍非洲的野心。

喬利蒂的手腕

在西元十九世紀的最後發生了一件大事，那就是國王翁貝托一世在一九〇〇年遭無政府主義者刺殺身亡。翁貝托一世死後活躍於政壇的，是生涯曾五度擔任首相的喬瓦尼・喬利蒂。

喬利蒂確立了議會制，施行以議會為中心的政治，在經濟方面則推動工業化。他認為勞資關係的正常化是促進經濟發展的重要條件，因此認可勞工的團結權，並未打壓勞工運動。

相較於變更國家的結構及制度，喬利蒂更重視行政，他增加了公務員數量，並設法改善公共服務。此外，喬利蒂還進行選舉法的修法，讓選民

當時的日本

一九〇〇年九月，伊藤博文集合憲政黨及部分官員等組成了「立憲政友會」，一九一八年原敬當選總裁，組成了日本第一個正式的政黨內閣。立憲政友會與立憲民政黨為當時的兩大政黨，但在一九三二年的五一五事件後，便產生了內部分裂。

數目從過去的每十人中有一人，增加為每四人中有一人。

此時的義大利雖然已朝工業化發展，但主要集中在北義，南義尚未現代化，加大了南北差異。南義有許多人移民至美洲大陸，一九〇〇年起的十年間便有超過六百萬人移民。

水力發電幫助產業發展

這一節要介紹支撐起義大利經濟發展的主要因素。

首先，是十九世紀出現了進行長期貸款及投資的銀行。另外則是將阿爾卑斯山脈的水運用於水力發電，做為電力來源。義大利過去十分仰賴煤炭進口，因而形成沉重的負擔，在有了水力發電提供的豐沛電力後，重化工業便迅速發展起來。

機械工業方面有飛雅特、蘭吉亞、愛快・羅密歐等汽車品牌成立，化學工業則有增加硫酸製造量的Montecatini、生產橡膠製品的倍耐力等公司，拿坡里郊區也興建了煉鋼廠。

過去為主要產業的棉業、毛織物業等纖維產業也將市場擴大到巴爾幹半島及中東，持續創造成長。

義大利的貿易收支雖然是赤字，但由於有移民的巨額僑匯，因此維持了穩定的國際收支。

在非洲建立領土

喬利蒂起初的外交策略，是以和德國、奧匈帝國結成的三國同盟為中心。不過在他的任內，義大利與法國的關係有所改善，處於相對良好的狀態。

此外，喬利蒂在建立議會制、由行政主導統治、推動工業化等方面也發揮了其能力。但喬利蒂並沒有能

夠打動民心的政治理念，在這種狀況下，主張建立海外領土的民族主義逐漸活躍了起來。

當德國與法國爭奪摩洛哥的利益之際，喬利蒂於一九一一年趁機入侵的黎波里塔尼亞、昔蘭尼加（兩個地區合起來即為現在的利比亞）這兩處土耳其（鄂圖曼帝國）位於非洲北岸的領地（義土戰爭）。

雖然當地居民奮力抵抗，但義大利於戰爭中獲勝，於上述地方建立了殖民地，命名為利比亞。

不符期待的勝利

義大利在第一次世界大戰前夕的國際關係中處於複雜的立場。

當時歐洲存在德國、奧地利、義大利的三國同盟，以及法國、俄羅斯、英國的三國協約兩個陣營，彼此互相牽制。

雖然結成了三國同盟，但由於仍存在「未收復的義大利」問題，義大利與奧地利之間有一些芥蒂。

在這種情況下，事態有了變化。一九一四年六月二十八日，奧匈帝國王儲法蘭茲・斐迪南大公夫婦在塞拉耶佛（波士尼亞與赫塞哥維納共和國）遭塞爾維亞人開槍射殺。

奧地利因這起事件進攻塞爾維亞，第一次世界大戰就此爆發。

開戰後義大利採取中立，觀察情勢變化，並要求奧地利歸還未收復的義大利，但沒有獲得滿意的答覆。

薩蘭德拉在開戰前夕接替了喬利蒂出任義

第一次世界大戰的情勢

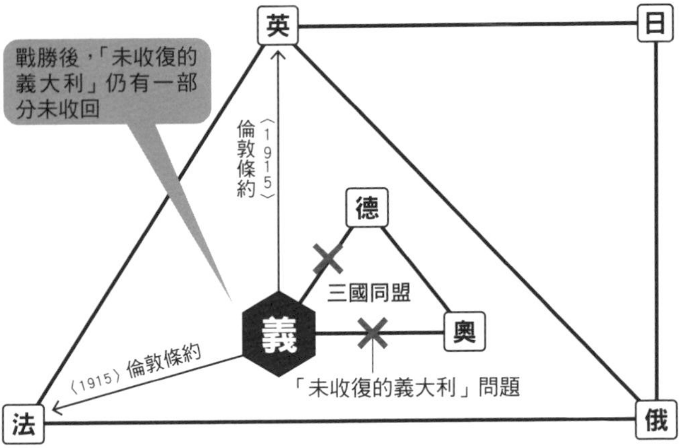

大利首相，新政府與英國及法國就領土問題展開交涉。

一九一五年四月，義大利與英國、法國簽訂密約，得到取回未收復地做為領土的承諾，同意向三國協約倒戈。隔月，退出三國同盟的義大利便與奧地利開戰。

一九一六年八月，義大利與德國也進入了交戰狀態。翌年十月，義軍在卡波雷托慘敗。奧軍雖攻至威尼斯附近，但義大利仍重整態勢，一九一八年十一月於維托里歐・威尼托擊敗奧軍，簽署了停戰協定。

義大利在第一次世界大戰動員了五百萬名以上的士兵，並有超過六十萬人陣亡，好不容易終於成為戰勝國。

但在一九一九年召開的巴黎和會中，義大利並沒有得到回報。

除了在倫敦條約中約定的達爾馬提亞外，義大利還希望收回義大利裔人口居多的港口都市阜姆（現在的克羅埃西亞的里耶卡），但都遭到拒絕。最終，只有特倫提諾、南提洛等一部分未收復地恢復為義大利的領土。

當時的義大利首相維托里奧・埃曼努爾・奧蘭多與外相蘇尼諾對此抗議，並在會議中途離席返國。義大利國內普遍認為這是「吃虧的勝利」，

當時的日本

第一次世界大戰期間日本的經濟表現亮眼，但戰後面臨了嚴重的不景氣。原因在於大戰期間停滯的歐洲各國開始重建，各種商品再次出口至亞洲市場。西元一九二〇（大正九）年股價暴跌，被稱為戰後恐慌的不景氣重創了經濟。

第一次世界大戰後的義大利北部

民眾不滿的情緒高漲。

五十萬人的罷工

這次行動的目的不只是揮軍達爾馬提亞及確保亞得里亞海的貿易，也有批判政府過於軟弱的意圖。

重新擔任首相的喬利蒂雖在一九二〇年的聖誕節前夕派軍收復阜姆，但被國民視為英雄的是鄧南遮。

第一次世界大戰後的義大利物

價上漲，民眾生活極為困苦。戰爭期間政府動員農民從軍時，曾承諾日後將分配土地，但並未確實履行，因此發生了農民占領土地等事件。

勞工同樣也爆發不滿。勞工及農民在一九一七年的俄國革命成功起義，俄羅斯因而成為社會主義國家。俄國革命助長了義大利社會黨激進派的聲勢，號召勞工參與行動，北義相繼發生罷工。

尤其在一九二〇年九月，多達五十萬名勞工占領工廠及造船廠超過了四週。這個時期被稱為「紅色兩年」，不斷發生激烈的勞工抗爭。

喬利蒂此時發揮巧妙的手腕穩定局勢，勞工只得到些微經濟改革的成果便停止了抗爭。由於社會黨未能扮演好帶領勞工抗爭的角色，黨內的左

當時的日本

日本作家、教育家下位春吉曾在第一次世界大戰末期以義勇兵身分於義大利戰場參戰，並與鄧南遮有交流互動，還曾被邀請至阜姆。下位春吉也與墨索里尼相識，日後將法西斯運動介紹至日本。

派於是組成了共產黨。

另一方面，工廠經營者及地主則因政府無法鎮壓勞工及農民的抗爭，而產生「政府不願保護我們」的情緒。

法西斯崛起

社會黨雖然在都市的勞工運動失去了領導地位，但在其活動據點波河平原（義大利北部、中部）的農業地帶仍保有雄厚實力。

從一九二〇年底開始，費拉拉及

波隆那等地出現了自稱「法西斯」的團體，習慣性針對社會主義勢力進行暴力攻擊，軍方及警察也默許這種行為。法西斯的成員包括學生、有力人士的子女、解除動員的軍人等，擁有地主及資產階級提供武器及資金的援助。

襲擊社會黨的法西斯成員與農場經營者聯手，強行規定只有法西斯工會的會員能得到雇用。擔心失業的農業從業者逼不得已只能加入法西斯派的工會，法西斯的勢力因此超越了波河流域的社會黨。

攻擊社會主義勢力的法西斯運動傳播到了各地，而且還有商店老闆等自營業者及自耕農等中產階級加入。

那麼，法西斯究竟是從何而來的？

法西斯主義或法西斯源自義大文的「fasces」這個詞，原本的意思是「束棒（與多根木棍綁在一起的斧頭）」、「團體」。

「fasces」一詞原本在勞工運動中使用得相當普遍，墨索里尼在西元一九一九年三月建立了名為「義大利戰鬥者法西斯」的組織後，該組織成員便被稱為法西斯，這個詞因此開始有了特定的意義。

墨索里尼過去曾擔任社會黨機關報的總編，但由於違背黨的方針，主張參與第一次世界大戰，被開除了黨籍。

墨索里尼新成立「義大利戰鬥者法西斯」時，手冊中提出了工時八小時、最低工資保障、累進稅率等社會政策，尚未出現國家主義、集權主義的思想。

義大利戰鬥者法西斯雖然是在墨索里尼的根據地米蘭成立，但於波河平原的農業地帶壯大勢力，相對於墨索里尼的都市法西斯主義的「農村法西斯主義」運動開始發展。

法西斯勢力擴張

為了在西元一九二一年五月的大選抵抗社會主義勢力，喬利蒂主導成立了名為「國民集團」的政黨聯盟，墨索里尼的義大利戰鬥者法西斯也加入其中並參選，包括墨索里尼本人在內，在國會取得三十五席。

喬利蒂原本打算讓法西斯主義者進入議會政治的框架中，藉此克制其激進行為，最終卻反而導致了法西斯主義的抬頭。

主張直接行動的農村法西斯主義批判墨索里尼是「議會主義」，法西斯派的內部產生了對立。為了解決這種對立，墨索里尼將義大利戰鬥者法西斯政黨化，採行在政黨約束下活動的方針。

於是「國家法西斯黨（PNF）」便在一九二一年十一月成立。

三十九歲當上首相

透過政黨規範分散於各地缺乏整合的法西斯活動，使得墨索里尼取得了政治上的領導權。法西斯黨在議會內活動的同時，也在議會外加強了訴諸暴力的直接行動。

法西斯黨於一九二二年五月至七月占領了費拉拉、波隆那等義大利北部、中部的主要城市，之後在同年的十月二十八日，墨索里尼為建立法西斯政權，開始朝首都羅馬進軍。

二十八日清晨，約兩萬人的「黑衫軍」從事前約定好的三個集合地點向羅馬出發。黑衫正是法西斯主義者的制服。

當時的首相法克塔要求國王維托里奧・埃馬努埃萊三世發布戒嚴令，但國王並未答應，原因至今仍然成謎。

由於承受了法西斯部隊的壓力，國王於是任命墨索里尼組閣，墨索里尼在三十日從米蘭來到羅馬。就這樣，墨索里尼以三十九歲之齡成為了當時最年輕的首相。

獨裁宣言

在國會屬於小黨的法西斯黨與其他黨組成了聯合內閣，其他黨期待法西斯黨能因此停止議會外的直接行動，回歸議會政治的框架。而一心只想在國會成為多數黨的墨索里尼則制定了新的選舉法。西元一九二四年，下議院進行改選，國家法西斯黨獲得大勝。

當時擔任統一社會黨書記長的吉亞科莫・馬泰奧蒂議員指控選舉舞弊，並積極追究此事。結果馬泰奧蒂在一九二四年六月十日遭法西斯主義者綁架，後來被發現時已經身亡。

這起事件催化了反法西斯運動，下議院議員抵制議事進行，反法西斯各黨並組成阿文提諾聯盟，墨索里尼也遭強烈懷疑是否與馬泰奧蒂的遇害有關。

原本是墨索里尼親信的政府高官失勢，議會內外要求墨索里尼負責的聲浪高漲。

雖然這起事件是墨索里尼政權上台後最大的危機，但反法西斯的各黨也缺乏關鍵性的作為。另一方面，法西斯黨內的激進派則向墨索里尼施壓，要求以強硬的方式平息事態。

墨索里尼不敵黨內壓力，轉而展開攻勢，於一九二五年一月三日宣布將在國會以武力進行支配，這也成了義大利走向獨裁之路的轉折點。

當時的日本

西元一九二三（大正十二）年九月一日，日本發生了關東大地震，關東南部受到毀滅性的打擊。由於地震剛好發生在午餐時段，因此引發了多起火災，死亡人數達十萬人以上。這次地震是促成日後地震研究對策的一大關鍵。

秘密專欄

義大利的飲食文化

披薩、義大利麵多使用在地食材

說到義大利的食物，最具代表性的應該就是「披薩」和「義大利麵」了。

義大利最早的披薩出現在十六世紀，當時的披薩是在以麵粉為主體的麵糰中，加入豬油、鹽、大蒜等材料燒烤而成，類似現在的佛卡夏（扁平狀的麵包）。後來經過改良，變成在更為柔軟的麵糰上放上豬油、羅勒、胡椒或是小魚等，與現在的披薩相近。

義大利南部在十六世紀後期至十七世紀開始種植番茄，另外，以水牛乳為原料製成的莫札瑞拉起司也在同一時期問世。於是拿坡里近郊便出現了使用番茄與起司做為配料的披薩，由於十分美味，轉眼間便形成流行，拿坡里也被視為披薩的聖地。

至於義大利麵的經典口味——培根蛋黃麵（Carbonara）則是誕生於羅馬。加了大

培根蛋黃麵叫作「Carbonara」的原因眾説紛紜，有一説是源自「燒炭職人」這個詞，也有另一種説法認為這個名稱是為了頌揚「燒炭黨」而取的。

量義大利綿羊起司的培根蛋黃麵除了長麵條外，也有使用筆管麵等短麵條的版本，相當受喜愛。另外分享個小常識，培根蛋黃麵其實沒有用到鮮奶油。

佛羅倫斯人習慣吃的，是使用當地牛肝菌做成的義大利麵，形狀寬扁的麵條（Tagliatelle）與牛肝菌非常對味。

四面環海的威尼斯有一間名為「Trattoria alla Rivetta」的知名餐廳。這裡的人氣美食「綜合海鮮義大利麵（Spaghetti alla Scogliera）」使用了大量長臂蝦、花枝等海鮮類食材。

不可不知的義大利偉人④

創作出眾多經典歌劇的音樂家

賈科莫・普契尼

Giacomo Puccini

（1858～1924）

平易近人的旋律深受歡迎

普契尼出生於托斯卡尼地方的盧卡，家中是為教堂演奏管風琴的音樂世家。西元一八八〇年，普契尼進入米蘭音樂學院就讀，師從安東尼奧・巴齊尼、阿米爾凱爾・龐開利等人。完成了《安魂曲》（別名《光榮彌撒》）後，普契尼決定不再從事家中世代相傳的「宗教音樂家」工作。

一八八二年，普契尼的歌劇作品《群妖圍舞》入圍了出版樂譜的松佐紐出版社舉辦的作曲比賽，雖然沒有獲獎，但兩年後搬上舞台演出時深受矚目，讓普契尼成功以歌劇作曲家之姿出道。

後來普契尼憑藉著大眾朗朗上口、平易近人的旋律，建立了義大利代表性歌劇作曲家的地位，並創作出《波希米亞人》、《托斯卡》、《蝴蝶夫人》等流傳後世的經典歌劇。

chapter 5

法西斯黨的獨裁與末路

將國民改造為法西斯主義者

在西元一九二五年一月三日發表國會演說後，墨索里尼逐步建立了獨裁體制。他使法西斯黨成為國家機關，建立黨國合一的體制，並取代國王，獨攬大權於一身，此外還將法西斯黨以外的政黨都打為非法政黨。

法西斯政府強迫國民加入各種組織以加強管理的同時，也舉辦娛樂活動，希望藉此得到民眾支持。這樣做的目的是想要讓國民都成為法西斯的一份子。

這裡要回頭提一下義大利與天主教會的關係。法國在一八七〇年的普法戰爭戰敗後撤出了羅馬，失去法國做後盾的羅馬於是被併入義大利王國。

這導致了義大利王國與教廷間的關係斷絕，除了一部分宗教設施外，教宗失去了所有領地。因關係斷絕所引發的政治爭議被稱為「羅馬問題」。

當時的教宗庇護九世自稱「梵諦岡之囚」，拒絕離開位在羅馬市內的梵諦岡城。義大利與教廷間的嚴重對立一直持續到二十世紀。

梵諦岡城國的位置

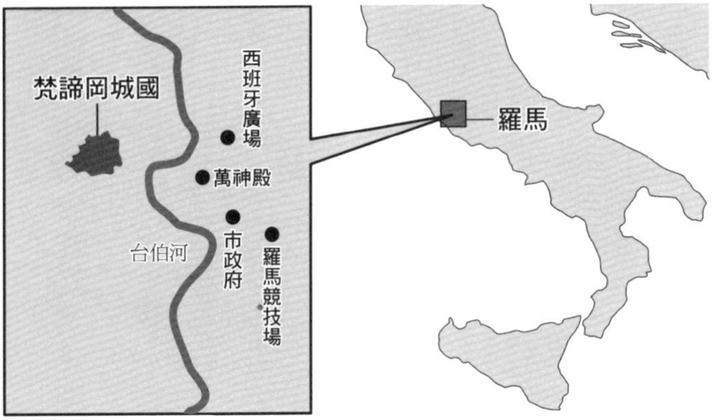

墨索里尼為取得國內天主教徒的支持，有意解決這種對立關係，於是義大利政府與教廷在一九二九年二月簽訂了拉特朗條約。

除了義大利政府與教廷和解外，拉特朗條約的內容還包括義大利政府支付賠償金、在羅馬城內建立教宗具有主權的「梵諦岡城國」等。由於簽署地點在拉特朗宮，因此條約便被稱為拉特朗條約。

墨索里尼透過拉特朗條約解決了長年來的羅馬問題，因而獲得國內外的天主教徒支持，強化其在政治上的權力。

未能舉辦的一九四〇年奧運

解決羅馬問題所帶來的影響也顯現在體育界。

由於西元一九四〇年距離日本初代天皇神武天皇即位正好是兩千六百年，因此日本在一九二九年決定爭取一九四〇年的第十二屆夏季奧運會於東京舉辦。

而羅馬原本是一九〇八年第四屆奧運舉辦地點，但受經濟惡化影響而放棄了主辦權，因此義大利也亟欲爭取一九四〇年的奧運在羅馬舉辦。

當時角逐主辦權的，包括了歐洲、美洲的城市及東京等，共有十個都市。為了成功取得主辦權，墨索里尼還親自負責指揮，因此羅馬被視為

當時的日本

西元一九二八（昭和三）年十一月，日本舉行了昭和天皇的即位典禮。大正天皇駕崩、昭和天皇繼承皇位，以及年號由大正改為昭和是一九二六年十二月下旬的事。服喪期間屆滿後，便在昭和三年的秋冬之間舉辦了即位大典。

大熱門。

而東京則因為氣候及地理條件等因素而相對不利。曾擔任貴族院議員的企業家副島道正認為，必須說服羅馬退出競爭，東京才有機會贏得主辦權。

副島道正在一九三五年親自與墨索里尼交涉，讓墨索里尼同意放棄爭取主辦。雖然義大利的體育協會反對此一決定，但最終墨索里尼仍在國際奧會（IOC）的大會上表明，為了支持日本，羅馬決定退出競爭。

然而，一九四〇年的東京奧運也因戰爭的關係而取消。後來羅馬終於在一九六〇年舉辦了奧運，東京則是下一屆的一九六四年奧運的主辦城市。

積極宣傳法西斯主義

在簽訂了拉特朗條約後舉辦的投票中，法西斯政權獲得了超過百分之九十八的壓倒性支持。墨索里尼為向國民傳播法西斯主義，宣揚了各種義大利的傳統，而且尤其強調恢復古羅馬的光榮。

法西斯的標誌便是古羅馬使用的束棒（請見P135關於「fasces」一詞的說明），象徵著權威。另外，法西斯也仿效古羅馬，採用將手臂往斜前方伸直舉起的方式敬禮。

為慶祝進軍羅馬十週年，羅馬甚至還舉辦了法西斯革命展。藝術家及建築家全體動員，透過藝術作品宣揚法西斯主義的光輝歷史。

從大蕭條到入侵衣索比亞

簽訂拉特朗條約的一九二九年在秋天發生了影響全球的大事，那就是華爾街股市暴跌所導致的全球經濟大蕭條。

義大利也遭受大蕭條波及，為拯救企業免於破產，政府進行了經濟與金融改革，並打造出融合公與私的經濟結構。第二次世界大戰後建立的義大利共和國也繼承了這種公營與民營混合的經濟體制。

一九三五年十月入侵衣索比亞，可說是墨索里尼的對外政策中最大的事件。這同時也提供了機會，洗刷克里斯皮當政時在阿杜瓦戰役失利所遭

當時的日本

一九三六（昭和十一）年二月二十六日，日本陸軍的青年軍官襲擊了大臣及報社。這是軍方內部的主導權之爭，也是意圖實現天皇親政的政變，造成了大藏大臣高橋是清等四人與五名警官死亡。軍部則因這起二二六事件在政治上取得了更大的影響力。

逢的屈辱。

義大利因入侵衣索比亞一事遭受國際社會批判，國際聯盟（於第一次世界大戰後的一九二〇年成立，以維護和平為目的的世界性組織）對義大利實施了經濟制裁，但石油等重要軍事物資並不在制裁範圍內，因此實際上效果有限。這件事使得各國看清了國際聯盟的軟弱。

義大利在一九三六年占領了衣索比亞首都阿迪斯阿貝巴，建立義屬衣索比亞帝國。義大利軍在這場戰爭中曾使用毒氣，對外卻始終否認，直到距離侵略六十年後的一九九〇年代才終於坦承。

介入西班牙內戰

在衣索比亞戰爭獲勝後，義大利又介入了西班牙的人民陣線政府等左派勢力與右派勢力叛軍間的內戰。一九三六年七月，義大利與德國一同向佛朗哥率領的叛

歐洲各國在非洲的勢力劃分

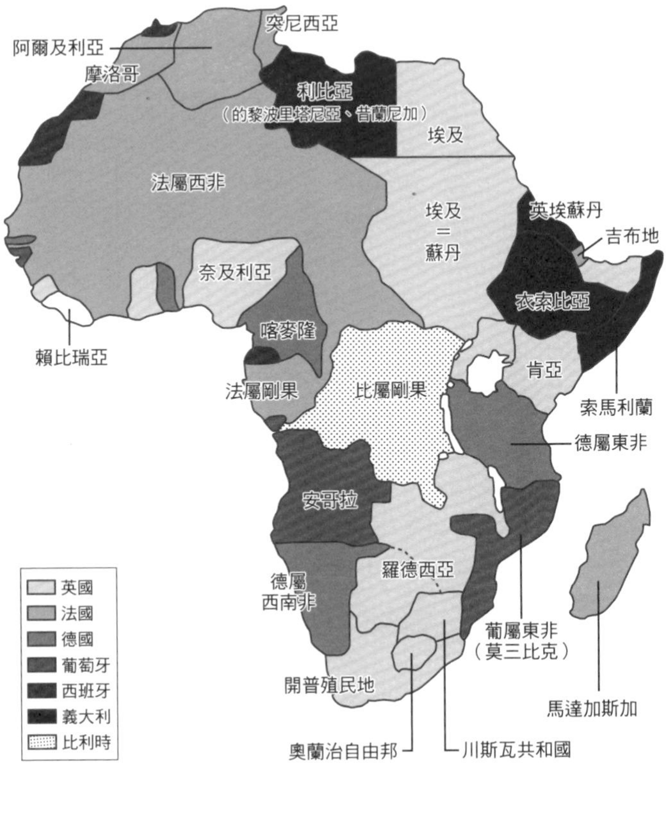
突尼西亞
阿爾及利亞
摩洛哥
利比亞
（的黎波里塔尼亞、昔蘭尼加）
埃及
法屬西非
埃及
=
蘇丹
英埃蘇丹
吉布地
奈及利亞
衣索比亞
喀麥隆
賴比瑞亞
肯亞
法屬剛果
比屬剛果
索馬利蘭
德屬東非
安哥拉
羅德西亞
德屬
西南非
葡屬東非
（莫三比克）
開普殖民地
馬達加斯加
奧蘭治自由邦
川斯瓦共和國
英國
法國
德國
葡萄牙
西班牙
義大利
比利時

軍派出了援軍。

至於人民陣線這一方也有義大利的義勇軍加入，形成了義大利同胞在西班牙兵戎相向的局面。

美國作家海明威及英國作家喬治‧歐威爾等也以義勇軍的身分加入了人民陣線。另外，一名在日本出生，名叫傑克‧白井的義勇軍也有參戰，於一九三七年七月戰死。

西班牙國內的人民陣線政府與叛軍的內戰，後來演變成了國際性的法西斯與反法西斯之爭。最終，佛朗哥陣營在一九三九年攻陷了西班牙首都馬德里，取得勝利。

西班牙內戰使得義大利與德國的往來更為密

反共產國際協定的成立經過

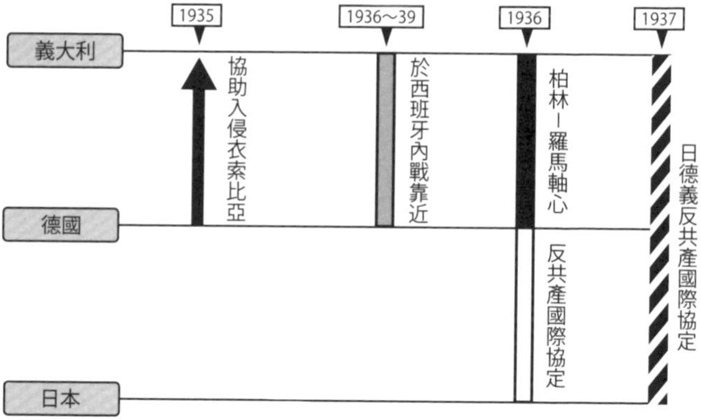

切，墨索里尼還用了「柏林－羅馬軸心」這個詞來強調兩國間的合作關係。

日德義反共產國際協定

德國在一九三六年與日本簽訂了反共產國際協定。「反共產」指的是防堵蘇聯等共產主義勢力的擴大。

翌年十一月，義大利也加入了這項協定，日德義反共產國際協定就此成立。接著，義大利在十二月退出了國際聯盟，而日本及德國則是在此之前就已經退出。

日本在一九三二年建立滿州國做為傀儡國，國際聯盟的大會通過了李頓調查團的報告，認定九一八事變為日本的侵略行為，日本於是退出國際聯盟以示抗議。

德國則是在巴黎和會中失去了領土，軍備也受到限制，希特勒持續對第一次世界大戰的戰敗國受到的制裁表示不滿，並在一九三三年十月退出了國際聯盟。

受到國際社會孤立的義大利、日本、德國，三國間的關係也愈來愈密切。

軸心國vs同盟國

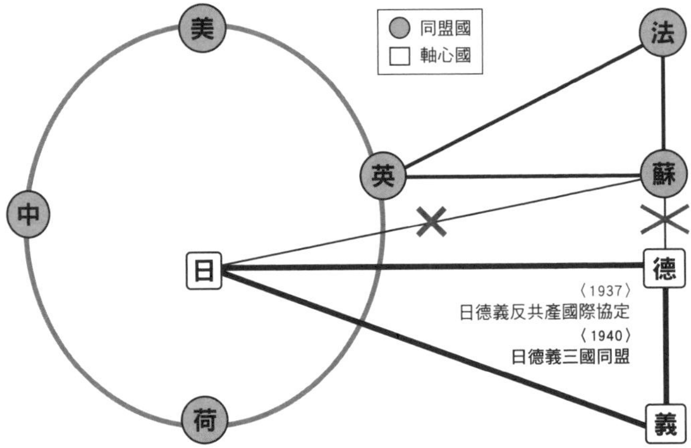

以這三個國家為中心的國際合作體制被稱為軸心國。匈牙利、羅馬尼亞、保加利亞、芬蘭等國後來也加入了軸心國。

併吞阿爾巴尼亞

西班牙內戰後，墨索里尼展開了行動，企圖併吞巴爾幹半島西南部的阿爾巴尼亞。

阿爾巴尼亞在第一次世界大戰後曾歷經短暫實行共和制等狀況，國內情勢並不穩定。

墨索里尼眼見德國接連併吞了奧地利共和國，以及多民族國家捷克斯洛伐克等，便趁機進攻阿爾巴尼亞。義大利在西元一九三九年四月入侵阿爾巴尼亞，經過短暫幾天的戰鬥便令阿爾巴尼亞投降，將其併吞。

隔月，義大利與德國簽訂了鋼鐵條約，此條約的正式名稱為「德義友誼與同盟條約」，進一步加強兩國間的合作、團結關係，也等於實質上的軍事同盟。

不自量力地參戰

阿爾巴尼亞遭併吞後不到半年的一九三九年九月，德國入侵波蘭，於是爆發了第二次世界大戰。

墨索里尼在開戰時宣布義大利為非交戰國，選擇旁觀。這是因為受到衣索比亞戰爭、西班牙內戰、併吞阿爾巴尼亞等行動的影響，義大利尚未建立起參戰所需的軍事力量，航空母艦及戰車的數量不足，士兵也未接受充分訓練。

但義大利後來卻在一九四〇年六月十日向英國與法國宣戰，並在數日後開始朝法國進軍。墨索里尼研判德國將會戰勝法國，因此想搭上順風車。同年九月，義大利又從義屬利比亞入侵鄰國埃及，並在十月進攻希臘，但在兩地皆遭到反擊，暴露出義大利軍力的虛弱。

在此期間，日本、德國、義大利在一九四〇年月組成了日德義三國同盟，這是較日德義反共產國際協定更進一步的軍事同盟。

逐漸屈居劣勢

為支援義軍，德國派遣了隆美爾將軍前往埃及

當時的日本

日本為了改善與美國的關係，曾與美方進行交涉，但被要求自中國、印度支那撤軍，滿州國也不受承認，交涉因而破裂。西元一九四一（昭和十六）年十二月八日，日本攻擊夏威夷的珍珠港，美軍則在翌年對日本本土進行了首次轟炸。

戰場。

一九四一年春天，義大利海軍與英國、澳洲海軍於希臘的馬塔潘角交戰，結果損失慘重。

義軍在東非則與英軍及當地游擊隊陷入苦戰，最終失去了衣索比亞等殖民地。

德國與蘇聯在同一年開戰後，義大利也派兵前往支援，造成許多士兵陣亡。

德國與義大利在埃及的阿拉曼與盟軍的英國展開激戰，結果戰敗。軸心國最終在北非戰場一敗塗地，

義大利失去了殖民地利比亞。

墨索里尼遭逮捕

西元一九四三年七月十日，美國、英國等盟軍登陸了西西里島。當時義大利國內已遭受盟軍空襲，戰爭導致的重稅與糧食不足使得民眾苦不堪言。反法西斯、反戰的抵抗運動與日俱增，政權內部批判戰爭政策及墨索里尼的聲音也更為強烈。

盟軍登陸西西里島過後約兩週的七月二十四日，義大利政府召開了法西斯大委員會，會中通過將墨索里尼所掌握的權力交還國王維托里奧・埃馬努埃萊三世的決議，這起事件可說是法西斯黨內的政變。翌日，墨索里尼謁見國王報告此事時當場遭逮捕，監禁於義大利中部的大薩索山。

與德國間的摩擦

國王任命的繼任首相人選，是元帥佩特羅・巴多格里奧。巴多格里奧曾參與阿杜瓦戰役、義土戰爭、衣索比亞戰爭等，當時已經七十二歲。

巴多格里奧在一九二二年時因反對墨索里尼進軍羅馬，而遭貶為駐巴西大使，不過後來晉升為元帥，並擔任過利比亞總督、一九三五年衣索比亞戰爭的總司令。雖然巴多格里奧宣稱將繼續作戰，但私底下其實已經與盟軍開始交涉停戰。

一九四三年九月三日，巴多格里奧與盟軍簽署停戰協定，並在八日公布了無條件投降的協定內容。因擔心遭德軍報復，國王與巴多格里奧於九日

當時的日本

西元一九四二年六月五日至七日，日本海軍在夏威夷群島西北方的中途島海域與美國海軍展開了大規模戰鬥。日本艦隊在此次戰役敗北，並損失了四艘航空母艦、三千五百名士兵與所有飛機。在這場戰役後，美國取得了太平洋戰爭的主導權。

逃出羅馬，前往位在南義由盟軍占領的布林迪西。由於國王與首相逃離羅馬時並未下達任何指示，軍隊的指揮體系因此瓦解，國內陷入了混亂。

德國有意趁此時掌控義大利，於是派出軍隊，在九月十日占領了羅馬。於是義大利形成了南部由盟軍占領，北部（羅馬以北的米蘭、佛羅倫斯等地）遭德軍占領的狀態。

德軍救出遭軟禁的墨索里尼，並在德國保護下於義大利北部成立義大利社會共和國（薩羅共和國），重新執政，但實際上只是德國的魁儡政權。

巴多格里奧政權在隔月退出了日德義三國同盟，並向德國宣戰，但美國與英國並不承認義大利是同盟國，僅視為共同參戰國。

一九四三年九月九日，盟軍在拿坡里附近的薩萊諾登陸，朝德軍占領的北部進攻。

翌年六月四日，盟軍成功奪回羅馬。藉著收復羅馬的機會，勞動民主黨的伊萬諾埃・博諾米取代身為軍人的巴多格里奧當上了首相。如此一來，義大利終於在睽違二十年後再度建立政黨內閣。

打倒法西斯

在發表停戰協定及政府領導人逃出羅馬的一九四三年九月九日這一天，有一個以反抗德軍與重建義大利為目標，名為「國民解放委員會」的組織成立。

組成國民解放委員會的，是反對法西斯主義的六個政黨（自由黨、天主教民主黨、無產者統一社會黨、共產黨、行動黨、勞動民主黨）。

羅馬的國民解放委員會由博諾米出任委員長，他所領導的內閣便是這六個政黨組成的聯合內閣。

雖然這些政黨彼此主張各異，但擁有反法西斯的共同目的，因此組成了一致對抗法西斯主義的組織。

在解放委員會的領導下，興起了反抗德國占領軍與法西斯勢力的運動，並普及到一般民眾間。其中一部分還成為了採取非正規軍事行動的游擊隊。

游擊隊是由反法西斯活動人士及退伍軍人等所組成，進行武裝後主要在義大利北部的都市、山區、森林進行游擊戰。游擊隊一開始只是各自行動，後來則逐漸合作、整合了起來。

當時的日本

西元一九四五年三月十日清晨，美軍的B－29轟炸機進行了東京大轟炸，主要針對東京老街從上空投擲了多達三十三萬枚的燒夷彈。死亡人數據說超過十萬人，並造成百萬人流離失所。之後美軍也在名古屋、大阪、神戶等地進行了大規模轟炸。

雖然盟軍並未將游擊隊視為正規軍事力量，但游擊隊的活動干擾了德軍作戰，仍發揮重要的作用。國民解放委員會的目標是在盟軍抵達前以自己的力量收復主要都市，在困境中持續努力。

西元一九四五年四月二十五日，游擊隊一同起義，終於從德軍與法西斯勢力手中收復了北部所有主要都市。憑藉自身力量成功收復國土這件事，是民眾心目中意義非凡的記憶，因此四月二十五日這一天成為了國定假日「義大利解放紀念日」。

最終下場淒慘

前面提到，墨索里尼原本被軟禁於義大利中部亞平寧山脈的大薩索山，後來由希特勒下令德國空軍救出，並建立了新政權。

四月二十五日游擊隊起義後，墨索里尼試圖混在撤退的德軍中逃往瑞士，但在四月二十七日於義大利北部的科莫湖畔遭游擊隊發現並逮捕。

墨索里尼隨後在四月二十八日與情婦克拉拉・貝塔奇等人一同遭處決（槍殺）。

隔天，墨索里尼的遺體被載往米蘭的洛雷托廣場放置。游擊隊過去也曾在這座廣場遭公開處決。

湧入廣場的群眾對墨索里尼的遺體拳打腳踢洩憤之後，還將他與情婦的遺體倒吊在廣場的加油站示眾。

祕密專欄

義大利的運動、大眾娛樂

古早時代的足球很危險！

義大利人非常喜愛足球，羅貝托・巴吉歐、亞歷山德羅・德爾・皮耶羅、弗蘭西斯科・托蒂等創造力十足、風格獨特的球星在全世界可說是家喻戶曉。不論在哪個時代，義大利民眾對足球都非常狂熱。

其實這不是沒有道理的。早在西元一八六三年現代足球於英格蘭誕生以前，義大利就已經有一種名為「Calcio Storico」，與足球相似的球類運動了。Calcio Storico發源於中世紀，一隊有二十七人，比賽時間五十分鐘。將球送入對方球門即可得分這一點與足球相同，但在比賽中可以向對方拳打腳踢、用頭撞，場面十分火爆。

義大利人之所以如此熱愛足球，或許便與他們中世紀的祖先沉迷於Calcio Storico有關。

義大利足球國家代表隊在世界杯締造的紀錄

參賽次數	18次（世界第3）
奪冠次數	4次（世界第2）
連續奪冠次數	2次（世界第1）
連續無失分	5次（世界第1）
連續不敗紀錄	12場（世界第2）

電影也是義大利人重要的娛樂之一。義大利電影在二十世紀初，主要是由羅馬的奇內斯、杜林的亞歷桑德拉・安布羅休與義塔拉電影公司拍攝。這三間公司成立之後，量產了許多優質的歷史電影，而且很早便開始向海外銷售，讓世界各國認識到了義大利電影的出色之處。

到了一九八〇年代，由於美國電影成為市場主流，導致義大利電影產業衰退。受到大環境的影響，建於一九三〇年代的大型片場「奇尼奇塔」面臨破產危機，幸虧藉著國營化度過了難關。雖然現在已不常用來拍攝電影，但仍被妥善保存了下來。

不可不知的義大利偉人⑤

走出低谷成為名導演

盧契諾・維斯康堤

Luchino Visconti

（1906～1976）

義大利新寫實主義的先驅

盧契諾・維斯康堤出身貴族世家維斯康堤家族，曾於一九二六至一九二八年從軍，後來以舞台劇演員兼布景設計師的身分進入電影圈工作。一九三六年在服裝設計師可可・香奈兒的介紹下，擔任了法國電影導演尚・雷諾瓦的電影製作助理。

維斯康堤在一九四二年迎來了轉捩點。他將詹姆斯・凱恩的犯罪小說《郵差總按兩次鈴》拍攝成電影，極受好評，但不久後就因為未獲得原著授權而遭禁播。不過，維斯康堤在電影方面的才華是無庸置疑的，他在一九四八年以《大地震動》回歸，便在威尼斯影展獲得了國際獎。維斯康堤後來也持續有亮眼表現，以《浩氣蓋山河》贏得坎城影展的金棕櫚獎，《北斗七星》則奪下了威尼斯影展的金獅獎。

chapter 6

建立共和國 迎接新時代

懸而未決的重大議題

法西斯體制瓦解後，義大利必須在政治、外交、經濟等所有層面重建國家。否定法西斯體制，主導民主主義重建的是政黨政治。當時義大利存在以天主教民主黨為中心的中間偏右派，以及以共產黨、社會黨為主的左派等兩大勢力。過去曾對法西斯體制提供協助的國王維托里奧・埃馬努埃萊三世失去了民眾的支持，於是便在西元一九四六年五月退位，由兒子翁貝托二世繼承王位。

其實早在義大利北部及中部如火如荼展開抵抗運動時，戰後要維持君主政體或是改為共和制的問題就曾被提起。不過，彼此想法不同的各大反法西斯勢力在戰爭期間擱置了這項議題。

最終，要維持君主政體，或是改為共和制則是交由公投決定。投票於一九四六年六月二日進行，開票結果是支持共和制的票數約為一二七一萬票，支持君主制的票數約一〇七一萬票，以兩百萬票的差距決定廢除君主制，改行共和制。現在的「義大利共和國」便是這樣成立的，後來這一天也被定為共和國紀念日。

支持共和制的，是積極進行抵抗運動的北部民眾，至於羅馬及南部的民眾則支持君主政體，南部在政治方面較為保守。

公投結果出爐後，翁貝托二世僅即位一個月便被迫退位，隨後逃到了葡萄牙。

共和國正式上路

公投的同時也進行了憲法制定議會的選舉，結果天主教民主黨成為第一大黨，並與第二及第三大黨的社會黨、共產黨組成聯合政權。總理則是天主教民主黨的阿爾契德・加斯貝利。

在戰時的抵抗運動扮演了重要角色的共產黨積極投入勞工運動及農民運動，因而建立起支持度。社會黨則分為有意與自由主義陣營合作的改良派，以及尋求與共產黨攜手的左派。而天主教教會也介入政治，表態支持天主教民主黨。議會開始制定憲法後，雖然各黨派的主張彼此對立而得不斷做出妥協，但在清除法西斯主義這一點上是一致的。

經過一年半的審議，議會在一九四七年十二月通過了共和國憲法，自隔年一月一日起施行。

義大利共和國憲法內容的基本原則是「以勞動為基礎的民主共和國」。憲法雖然將全國劃分為二十個大區，藉此實現地方分權，但實際上採行大區制度的只有西西里及薩丁尼亞等四個特殊地位大區（一九六三年時又新增一個），直到一九七〇年才正式上路。

另外，憲法中有設立憲法法院以審查法律是否違憲的規定，但實際上也是到了一九五六年才設立。

制憲議會只有制定憲法，並未制定各別的法律，因此法西斯時代的民法及刑法仍持續具有效力至一九五六年。

加斯貝利領導下的義大利

第二次世界大戰後，全世界形成了以美國為首，標榜自由主義、資本主義的西方陣營（美國及西歐各國等）；以及以蘇聯為首，奉行社會主義的東方陣營（主要為蘇聯及東歐各國），彼此對立，此一局勢被稱為東西冷戰。

屬於西方陣營的義大利與美國走近，加斯貝利在一九四七年一月訪美，尋求經濟援助。美國則強烈要求義方將社會黨及共產黨排除在聯合內閣外。

義大利的左右兩派在冷戰時期存在嚴重對立，政府面對進行示威、抗議的勞工及農民則是以武力鎮壓。

憲法制定後的首次大選在西元一九四八年四月舉行，天主教民主黨贏得了多數席次，與中間路線的自由黨及共和黨組成聯合內閣，自此展開天主教民主黨的長期執政。

放棄與社會黨、共產黨共組政權，改走中間路線的加斯貝利在一九四五年至一九五三年連續擔任了八次總理，建立起被稱為「加斯貝利時代」的中間路線時代。

受惠於馬歇爾計畫

義大利在第二次世界大戰後經濟陷入混亂，發生了通貨膨脹等問題。加斯貝利內閣為遏制通膨，採用副總理兼財政部長路易吉・伊諾第的緊縮政策，阻止物價上升。

伊諾第成為義大利總統後，繼任的國庫部長朱塞佩・佩拉延續了緊縮政策，並接受美國的馬歇爾計畫。馬歇爾計畫是美國的杜魯門總統執政期間，由國務卿喬治・馬歇爾發表的歐洲經濟復興援助計畫。

這項計畫的目的是援助第二次世界大戰後經濟崩壞的歐洲各國進行復興，藉此防止以蘇聯為首的共產主義勢力在歐洲擴大。

杜魯門對蘇聯採取「圍堵政策」，阻止其在政治、軍事、經濟上的擴張，馬歇爾計畫是圍堵政策重要的一環。

美國實施的馬歇爾計畫在一九四八至一九五〇年對於義大利的戰後經濟復興起到重要的作用。

義大利在一九五〇年代後期至六〇年代前期迎來了被稱為「經濟奇蹟」的成長期，一九五八至一九六三年的年經濟成長率達到平均百分之六點三。

透過興建煉鋼廠及開發天然氣、石油等政策，義大利的經濟逐漸發展起來。工業復興公司（IRI）及國家碳化氫公司（ENI）等國家出資設立的公共企業在這些事業中扮演了重要角色。

只是，工業化主要集中在北部三大都市——米蘭、杜林、熱那亞所形成的三角工業地帶，南部的工業化腳步落後，因此出現了南部的勞動力大舉往北部移動的現象，南北的貧富差距問題也一直未獲得解決。

義大利的經濟奇蹟有一部分是來自南部的廉價勞動力支撐起來的，但經濟成長的背後也潛藏各種矛盾。

層出不窮的恐怖攻擊

西元一九六八年，學生對於政府提出的大學改革方案不滿，因而決定抗爭，占領了大學。

同一時間，勞工也展開大規模罷工、占領工廠、示威等激烈的抗議活動，這種情況一直延續到隔年秋天，被稱為「熱秋」。

此外，提出離婚合法化等訴求的女性解放運動也十分蓬勃，社會上瀰漫尋求自由與改革的氣氛。然而，對於這一連串運動的盛況心生不滿者也引發了重大事件。一九六九年十二月十二日，右翼團體成員在米蘭豐塔納廣場上的全國農業銀行引爆炸彈，造成十七人死亡，多人受傷。

當時的日本

日本在西元一九五四年前後進入了高度經濟成長期。以石油取代煤做為能源的趨勢，以及池田勇人內閣推動的「所得倍增計畫」讓日本的年經濟成長率平均超過百分之十。民眾生活雖然因此富裕起來，但也產生了水俁病等公害。

在這起爆炸案後，極左組織與極右組織相繼犯下多起恐怖攻擊，「鉛的年代」就此揭開序幕。

一九七四年五月在布雷西亞的勞工集會發生的德拉・羅吉亞廣場爆炸案、一九八〇年八月的波隆那車站爆炸案（八十五人死亡，超過兩百人受傷）等恐怖攻擊，皆是極右派團體所發動。

是否該允許離婚？

鉛的年代之所以出現，與義大

利政治及經濟上的變動有關。

天主教民主黨與社會黨在六〇年代中葉組成的中間偏左政府，於一九七〇年實行了憲法規定的大區制度與公投制度。在後來的大區議會選舉中，共產黨在義大利中部有「紅腰帶地帶」之稱的三個大區取得了執政權。

此外，議會也通過了「離婚法」，也就是允許離婚的法律。身為執政黨的天主教民主黨出於宗教因素反對這項法律，於是訴諸公投決定離婚法的存廢。

然而，支持離婚法的票數過半，天主教民主黨遭遇到挫敗。這象徵了天主教式的價值觀在當時的社會已非主流。

當時的日本

當義大利興起學生運動之際，日本國各地同樣紛紛出現學生運動。此外，在義大利恐攻事件頻傳的年代，日本也有極左團體聯合赤軍發動了淺間山莊事件等恐怖攻擊。

共產黨在七〇年代的議會選舉取得了更多席次，另外在七五年的大區選舉中，共產黨執政的大區增加到六個，並贏得杜林、米蘭、拿坡里、羅馬等大都市的市長。

另一方面，義大利的經濟在一九七〇年代開始惡化，財政赤字攀高，並發生通貨膨脹。一九七三年的石油危機造成原油價格飆漲，演變為世界性的經濟危機，使得物價急遽上升。不景氣導致失業人口增加，青年也面臨嚴重的就業問題。

行事激進的赤軍旅

發動恐攻的不只是極右派組織，極左派組織「赤軍旅」也犯下多起恐攻。赤軍旅襲擊、綁架、殺害了許多政治人物、記者、警察、企業家等，行事作風十分激進。

赤軍旅的犯行之中，最嚴重的當屬綁架、殺害前總理阿爾多・莫羅。

一九七八年三月十六日，身為天主教民主黨重要幹部的莫羅從羅馬市內的住處驅車前往議會途中遭赤軍旅綁架。

赤軍旅要求以莫羅交換遭政府逮捕的成員，但朱利奧・安德萊奧蒂率領的內閣斷然拒絕。到了五月九日，莫羅的遺體被發現棄置在一輛停放於羅馬市中心的汽車內。

安德萊奧蒂內閣希望藉由號召包括共產黨在內的全民團結一致，解決不景氣與恐攻問題。據說莫羅原本有意與共產黨合作，但美國中情局（CIA）對此並不樂見，於是向安德萊奧蒂施壓。莫羅遭綁架、殺害的事件使得與共產黨合作的嘗試失敗，全民團結之路也因而受挫。

轟動社會的P2名單

西元一九八一年，警方搜索祕密結社共濟會「Loggia P2」負責人傑利的住處，發現了九百六十二名P2成員的名單，並交由政府公布。

P2原本是共濟會的分會，標榜反共產主義，但因為從事軍火走私及幫助政治犯逃亡等非法行為，在一九七六年遭共濟會除名。

被發現的成員名單中，除了有最後一任國王翁貝托二世的長男，前義大利皇太子維托里奧・埃曼努埃萊・迪・薩伏伊、後來當上總理的貝魯斯柯尼（189頁）等人外，還包括了現任部長、國會議員、前總理、軍官、高階官員、司法界人士、記者、企業家、大學教授等，許多政、商界的重量級人物都是P２成員。

當時執政的阿納爾多・福拉尼內閣也因P２事件下台，後來由共和黨的喬瓦尼・斯帕多利尼擔任聯合內閣的總理。斯帕多利尼也是義大利共和國成立後，第一位非天主教民主黨的總理。

一九八三年八月，社會黨的貝蒂諾・克拉克西就任總理，至一九八七年三月為止，曾兩度率領

當時的日本

西元一九七八年，日本與中華人民共和國在北京簽署了日中和平友好條約。雙方進行交涉時，在連同中日兩國在內，反對所有國家霸權的「霸權條款」上陷入了僵局。此條約的其他內容還包括相互尊重主權、領土及互不侵犯、互不干涉內政等。

內閣執政。克拉克西是第一名出身社會黨的總理，著手進行了多項改革。他首先檢討墨索里尼政權在一九二九年簽訂的拉特朗條約，與教廷重新簽署宗教協定，確認政府與教會各自尊重彼此的自由。

在經濟方面，克拉克西則推動修改配合物價調升工資的指數連動制度。這項修改造成勞工的調薪受到限制，勞工因而發起強烈的反對運動。此外，克拉克西也透過財政改革以加強課稅等方式抑制通膨。義大利的經濟成長率雖然因此回升，但也增加了財政支出，導致國家財政惡化。

義大利傳統上一直有「裙帶主義」的習慣，喜歡仰賴血緣、有力人士、朋友等關係雇用政府部門的職員等。

天主教民主黨藉著裙帶主義建立了統治體系，並形成在政治上施壓的利益集團，得以長期執政，但這樣的文化也容易導致貪污。

社會黨的克拉克西內閣在政治運作上同樣採用裙帶主義。透過這種方式，天主教民主黨的重量級人物安德萊奧蒂與克拉克西聯手把持了義大利的政治。

但在一九九二年，克拉克西的根據地米蘭爆發了貪污醜聞。以此為開端，全國各地的貪污也相繼被揭發，許多議員、大企業負責人都面臨起訴。

克拉克西本人也遭搜索，最後他逃往突尼西亞，二〇〇〇年一月在當地因心臟病發去世。

第二次奇蹟與社會保障

話題回到經濟上。經濟奇蹟在一九六〇年代結束後，義大利進入了不景氣期，其間還曾經歷一九七三年的石油危機。

不過拜一九七〇年代後發展起來的中小企業網絡之賜，經濟在一九八〇年代復甦，被稱為「第二次奇蹟」。

促成第二次奇蹟的，是義大利東北部的威尼托、艾米利亞－羅馬涅至中部的托斯卡尼、溫布利亞、馬凱等地方的中小企業形成的工業地帶。

衣服、鞋類、家具、餐具、玻璃、陶瓷等特定種類的產業在這些工業地帶集中進行生產，製造出優秀的產品。

廠商繼承傳統技術的同時，也相互合作持續進行技術革新，以孕育高品質的產品。

另外，成功降低成本，並為服飾及家具產業等具有卓越設計感的產品建立品牌，贏得了國際好

當時的日本

一九八九年四月一日，日本根據消費稅法實施了稅率百分之三的一般消費稅。稅率後來在一九九七年調升為百分之五，二〇一四年提高至百分之八。二〇一九年又提升至百分之十，輕減稅率制度也同時上路。

義大利東北部的工業地帶

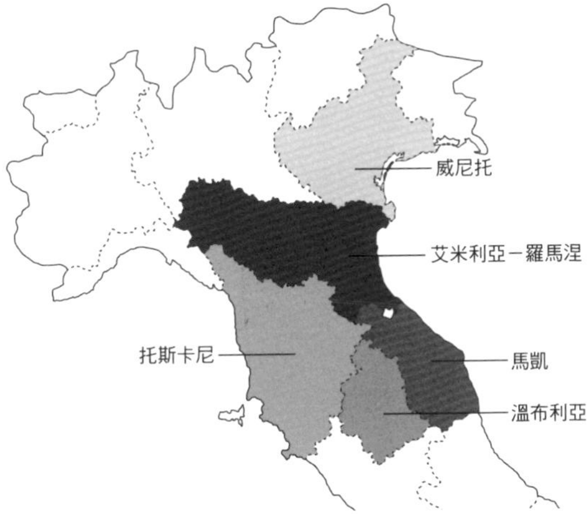

評，也讓這些產品成為義大利重要的出口品。

義大利的知名品牌包括了從德拉・瓦雷家的製鞋工作室發展而來的TOD'S、佛羅倫斯的皮革製品商店起家的IL BISONTE、全球最大眼鏡製造商Luxottica等。

但從第二次奇蹟後的一九八〇年代末期開始，義大利再次陷入了經濟危機。

除了國內生產毛額（GDP）的成長率低迷、失業率惡化外，中央及政府機關也債台高築，財政赤字不斷惡化，使得九〇年代的經濟危機更為嚴重。

此外，北部與南部的貧富差距並未獲得改善，於是政府對所得較低的南部民眾推出了發放生活保障等各種給付金的政策。

給付金等現金收入雖然提升了南部民眾的消費力，但與正常的經濟發展仍然相去甚遠。

義大利自一九七八年實施的「國民保健服務」制度向所有國民提供了平等的醫療、保險服務，在社會保障政策上展現新作為。

政黨重新洗牌

當時的日本

西元一九八五（昭和六十）年，為平抑過高的美元匯率，包括日本在內的五大主要國家達成了廣場協議。日本政府以擴大公共投資與金融寬鬆政策等手段刺激景氣，試圖增加國內消費、活化經濟，最終造就了泡沫經濟。

義大利的政治在一九八〇年代末期至九〇年代迎來了轉變期，起因是東西冷戰的終結。由於國際社會進入了新局，義大利國內的政黨勢力版圖也開始出現變化。

首先在北部，地方政黨的勢力擴張，威脅到了天主教民主黨政權。此外，蘇聯與東歐的政局變化，以及柏林圍牆拆除等事件，也使得義大利共產黨在一九九一年改組為「左派民主黨」。

前面曾提到，米蘭的社會黨相關人士在一九九二年爆發了貪污醜聞。警方的搜索迅速擴及全國，許多政治人物、政府高官、企業負責人等都被送上法庭。第二次世界大戰後建立的義大利共和體系被迫進行重組。

義大利的選舉法在一九九三年通過修法，以小選區制取代比例代表制做為主要選舉制度。涉及貪污的眾多議員都無法在一九九四年依新選制進行的大選參選，使得政黨的勢力版圖重新洗牌。

黑手黨橫行

一九九二年除了貪污問題外，黑手黨對司法界人士的襲擊也引發了各界關注。

源於西西里島的黑手黨自十九世紀起擴大勢力，其中一部分在十九世紀末至二十世紀初還跨海遠赴美國，在當地形成名為「Cosa Nostra」的犯罪組織，以及以艾爾・卡彭為首，在禁酒時期私釀非法酒的芝加哥犯罪集團。

一九五〇年至一九六〇年代，黑手黨從農村進入都市，逐漸與政治人物建立密切關係。到了一九八〇年代中葉後，陸續有查緝黑手黨的探員及檢察官遭殺害。與警方及政府對立的同時，黑手黨內部間的鬥爭也更趨激烈。

一九九二年五月，對黑手黨嚴加搜索掃蕩的法官喬瓦尼・法爾科內在乘車途中，遭裝設在高速公路上的炸彈襲擊身亡。

同年七月，法爾科內的同事，同樣不遺餘力打擊黑手黨的法官保羅・博爾塞利諾同樣遭汽車炸彈殺害。這兩起爆炸案也造成負責維安的隨扈喪生，點燃了民眾對黑手黨的怒火。

涉及這兩起暗殺的黑手黨首領薩爾瓦托雷・里納在一九九三年遭逮捕，二〇一七年十一月因病死於獄中。

貝魯斯柯尼的崛起

一九九四年的大選呈現了包括新政黨在內，眾多政黨百家爭鳴的局面。

戰後一直是執政黨的天主教民主黨發生分裂，中間路線的多數派組成了「義大利人民黨」，居少數的右派則改組為「天主教民主中間黨」。而南義出現了右派的「全國聯盟」，北義則有地區主義政黨「北方聯盟」。左派的主要勢力則是前身為共產黨的「左派民主黨」。

曾在戰後的義大利政治中扮演核心角色的政黨不復存在，國家邁入了新的體制（第二共和）。

西爾維奧‧貝魯斯柯尼便是在此時以右派新勢力之姿登場。貝魯斯柯尼是著名的資產家、企業家，憑藉建築業等擴大了事業版圖，並擁有「Fininvest」集團，旗下包括三家民營電視台及出版社等，因而被稱為媒體大亨。當時他也是職業足球豪門AC米蘭的老闆。

貝魯斯柯尼因擔心左派掌權，於是宣布進軍政界。一九九四年一月，他組成了右派政黨「義大利力量黨」，並在選舉中獲勝。同年五月，貝魯斯柯尼與北方聯盟及全國聯盟合作組成第一次內閣，躍升至政壇頂峰。

主張北義擴大自治的北方聯盟與國家主義的右翼政黨全國聯盟原本在路線上南轅北轍，不過貝魯斯柯尼率領的義大利力量黨居間協調，因而合作建立了聯合政權。

但因經商時期疑似有過不法行為，貝魯斯柯尼在翌年一月不得已解散內閣，上台不到一年便辭去總理之職。

貝魯斯柯尼後來還曾三度擔任總理，但最終因貪污等各種非法疑雲及醜聞纏身，在二〇一三年宣布退出政壇。

二〇一九年時，已經年過八十的貝魯斯柯尼又當選了歐洲議會議員，重新回到政壇。

邁向歐洲統合

一九九三年十一月，歐洲成立了統合政治、經濟的國際機構ＥＵ（歐盟）。歐盟的前身為歐洲共同體（ＥＣ），義大利是最初的六個加盟國之一。歐盟的目的是在各國維持其獨立地位的同時，建立起各種合作體制。

歐盟內部在外交、安全保障、經濟、貨幣、社會等各領域進行統合，大部分加盟國都廢除了入出境及海關審查，人及貨物可自由移動，並使用歐元做為統一的貨幣。

義大利在貝魯斯柯尼下台後，歷經蘭貝托・迪尼內閣，而後在一九九六年五月中旬成立了由大學教職投身政界的羅馬諾・普羅迪率領的內閣。這個內閣是由聯合了數個中間偏左派政黨的「橄欖樹聯盟」所組成。之所以叫做橄欖樹，是因為橄欖樹是和平的象徵。

一九九六年春天的大選，形成了中間偏左派的橄欖樹聯盟與義大利力量黨、全國聯盟等政黨組成的中間偏右派聯盟「自由之極」的對決。

橄欖樹聯盟由左派民主黨、綠黨、人民黨等政黨組成，領導人是經濟學家，並擔任工業復興公司總裁的普羅迪。橄欖樹聯盟與達成選舉協定的重建共產黨加起來勉強取得了過半數席次，於是得以組閣。

普羅迪面臨的最大課題，是加入歐洲統一貨幣「歐元」的準備工作。加入歐元的必要條件是減少財政赤字，因此普羅迪著手進行經濟改革。

增稅及削減支出等措施雖然引發反彈，但總算將一九九七年的財政赤字壓低在國內生產毛額（GDP）的百分之三以內，讓義大利成為第一波使用歐元的國家之一。

但重建共產黨在此之後停止了與內閣的合作，轉為不信任，普羅迪內閣因而在一九九八年十月總辭。

順便要提的是，日本受到泡沫經濟的影響，掀起了出國旅遊熱潮，義大利成為熱門旅遊地點。義大利料理也因此大受歡迎，義大利麵與提拉米蘇在日本流行起來。

義大利料理後來也在日本落地生根，熱潮並非只是曇花一現。

從「五星」到「沙丁魚」

二十一世紀義大利政治的焦點之一，就是著名喜劇演員畢普・葛里洛與企業家吉安羅伯托・卡塞雷吉奧在二〇〇九年創立的政黨「五星運動」的崛起。黨名的五星代表水、能源、開發、環境、交通之意。

五星運動在二〇一三年的大選獲得一〇八席，位居第二大黨，二〇一八年的大選更進一步成為最大黨。憑藉著運用網路進行選戰及扁平的組

當時的日本

日本在二〇一一年三月十一日發生三一一大地震，芮氏地震規模達到九點零。地震引發海嘯並摧毀了基礎設施，造成超過四十萬戶半全毀，全國總計有接近兩萬名罹難者、行蹤不明者。此外，當時還發生了核電廠放射性物質外洩的意外。

織，五星運動深受年輕族群及中產階級支持。

而在目前，整個歐洲都面臨了移民問題。來自非洲及中東的移民持續增加，且義大利在地理上接近非洲，因此難民經常不惜冒險，搭乘簡陋的船隻試圖前往西西里或鄰近島嶼。

在是否要收容這類移民、難民的問題上，北方聯盟採取徹底反移民的立場。五星運動起初也表現出反移民的傾向，但現在的立場則趨於曖昧。

五星運動自二〇一八年

六月以來，曾先後與不同政黨組成聯合政權，在政治上的操作受到各方矚目。

二〇一九年十一月，義大利出現了被稱為「沙丁魚運動」的集會活動。這項運動是由四名年輕人所發起，北方聯盟「義大利人優先」的主張，以及「排外」、「恐同」的思想令他們產生了危機感，因而想要阻止北方聯盟的勢力伸入義大利中部的地方選舉。

沙丁魚運動是透過社群媒體傳播，並沒有特定的領導人，也沒有政治人物的演說。群眾只是手持沙丁魚的圖畫集結於廣場討論政治議題，表達反法西斯主義及反種族歧視的訴求。

教宗訪日

二〇一九年十一月，第一位自南美洲當選的教宗方濟各造訪日本，距離若望保祿二世訪日已相隔三十八年。方濟各前往了東京、廣島、長崎等地，發表演說極力呼籲廢核。

日本政府則藉此機會宣布，統一使用漢字「教皇」稱呼天主教會教宗。原本，「教皇」、「法王」這兩個詞在日文中都指稱教宗，不過日本的天主教會在若望保祿二世訪日時便已改用「教皇」。

但過去日本與梵諦岡建交時，是將教宗譯為「法王」，因此位在東京都千代田區的梵諦岡大使館所使用的名稱也是「法王廳大使館」。

第二次世界大戰後，義大利的法西斯政權瓦解，反法西斯主義看似團結了義大利人，但

相較於北部的發展，南部的問題依舊存在，南北差異至今仍未獲得解決。在政治方面多為聯合政權執政，但無法杜絕貪污、暴力及組織犯罪。即使政治勢力版圖出現了變化，政局還是不穩定。

時間來到二〇二〇年，義大利又面臨了新的危機，那就是發生於中國武漢的「新型冠狀病毒肺炎」疫情蔓延。

感染在三月時呈爆炸性擴散，確診者每天以數千人為單位增加，截至二〇二一年五月二十日，義大利國內的死亡人數已經超過十二萬人。米蘭所在的倫巴底大區狀況尤其嚴峻，醫療陷入崩潰，染疫去世的醫師超過百人。這不僅是全世界共通的課題，要如何從危機中重建，也將是義大利今後的重要議題。

憑藉壓倒性的速度征服F1賽事

恩佐・法拉利

Enzo Ferrari

（1898～1988）

從「賽車手」到「製造者」

恩佐・法拉利出生於西元一八九八年，父親是鈑金工人。第一次世界大戰時，恩佐入伍從軍，但在軍中罹患肋膜炎，幾乎喪命，最終幸虧得救，也因此被迫退伍。

第一次世界大戰後，恩佐展開了賽車手生涯。他在一九二〇年成為愛快・羅密歐的測試車手並迅速嶄露頭角，晉升為正式車手。一九二九年時，恩佐與其他車手一同成立了隸屬於愛快・羅密歐的「法拉利車隊」。

恩佐在一九三二年退役結束車手生涯，一九三七年推出了第一輛親自設計的賽車。一九三九年時他離開了愛快・羅密歐，後來在一九四七年成立法拉利公司。恩佐去世後，法拉利旗下的賽車依舊在F1賽事取得了傲人的成績。而法拉利推出的車款也因出色的速度與優異操控性而深受歡迎，成為高級跑車的代名詞。

義大利的歷史 年表

本年表主要根據書中提到的義大利歷史編寫而成。可以配合下方「世界與日本大事記」進一步加強認識。

年代	義大利大事紀	世界與日本大事記
前753	羅馬建國（傳說）	世界 希臘出現城邦（西元前800年前後）
117	圖拉真在位期間羅馬帝國版圖到達顛峰	日本 倭國王帥升向東漢安帝獻上奴隸（107）
216	卡拉卡拉興建浴場	世界 曹操成為魏王（216）
395	狄奧多西一世去世，羅馬分裂為東西	世界 西哥德人入侵希臘（395）
476	西羅馬帝國滅亡	日本 倭王武向南朝宋遞交國書（478）
568	倫巴底人入侵義大利	世界 北周建國（557）
756	丕平三世將北義的領土獻給教宗	日本 東大寺大佛開眼供養（752）
800	查理曼成為羅馬皇帝	日本 遷都至平安京（794）
843	法蘭克王國分裂	世界 英格蘭統一（829）
889	馬札爾人入侵義大利	世界 唐朝滅亡（907）

962	鄂圖一世即位，建立神聖羅馬帝國	世界 高麗臣服於宋（963）
1030	此時開始出現自治城邦	世界 丹麥王朝建立（1016）
1077	卡諾莎之行	世界 塞爾柱王朝建立（1038）
1130	西西里王國建立	世界 南宋建國（1127）
1154	腓特烈一世遠征義大利（第一次）	世界 第二次十字軍東征（1147～1149）
1167	倫巴底同盟成立	日本 平清盛成為太政大臣（1167）
1183	康斯坦茨和約	世界 埃宥比王朝建立（1169）
13世紀	文藝復興開始	世界 蒙古帝國以元為國號（1271）
1271	馬可・波羅展開東方之行	日本 弘安之役（1281）
1282	發生「西西里晚禱」事件	日本 後醍醐天皇即位（1318）
1378	梳毛工起義	日本 足利義滿於室町建造御所（1378）
1452	李奧納多・達文西出生	世界 東羅馬帝國滅亡（1453）
1454	洛迪和約	世界 玫瑰戰爭開戰（1455）
1494	查理八世入侵義大利（義大利戰爭）	日本 加賀發生一向一揆（1488）
1495	查理八世征服拿坡里王國	世界 哥倫布抵達美洲海域（1492）

年代	義大利大事紀	世界與日本大事紀
1504	拿坡里王國成為西班牙的領土	世界 宗教改革開始（1517）
1521	義大利戰爭重燃戰火	世界 蘇萊曼一世即位（1520）
1527	羅馬之劫	世界 維也納之圍（1529）
1532	馬基維利的《君王論》出版	世界 印加帝國滅亡（1533）
1534	耶穌會創立	日本 火繩槍傳入日本（1543）
1559	義大利戰爭結束	日本 桶狹間之戰（1560）
1633	伽利略・伽利萊遭宗教裁判所判處有罪	日本 島原之亂（1637）
1647	拿坡里、巴勒摩發生叛亂	世界 清教徒革命（1642～1649）
1672	美西納發生叛亂	世界 光榮革命（1688）
1713	簽署烏得勒支和約	世界 喬治一世即位（1714）
1720	薩丁尼亞王國建立	日本 德川吉宗成為第八代將軍（1716）
1764	拿坡里王國因大飢荒引發疾病流行	世界 美國獨立戰爭（1775～1783）
1796	拿破崙遠征義大利	世界 法國大革命（1789～1799）
1797	奇薩爾皮納共和國建立，威尼斯共和國滅亡	世界 拿破崙遠征埃及（1798～1799）

1798	羅馬共和國建立	世界 大不列顛－愛爾蘭王國成立（1801）
1802	拿破崙成為義大利共和國總統	世界 海地脫離法國獨立（1804）
1809	拿破崙併吞教宗國	世界 神聖羅馬帝國滅亡（1806）
1814	維也納會議召開	世界 美英戰爭（1812～1814）
1820	拿坡里革命、西西里革命	世界 希臘獨立戰爭（1821～1829）
1821	皮埃蒙特革命	世界 巴西脫離葡萄牙獨立（1822）
1831	青年義大利成立	世界 第一次埃及土耳其戰爭（1831～1833）
1848	巴勒摩叛亂、第一次義大利獨立戰爭	世界 法國二月革命（1848）
1849	羅馬共和國政府上台	世界 太平天國之亂（1851～1864）
1852	加富爾成為薩丁尼亞王國首相	日本 培里航行至浦賀（1853）
1855	參與克里米亞戰爭	世界 蒙兀兒帝國滅亡（1858）
1857	義大利國民協會設立	日本 安政大獄（1858）
1859	第二次義大利獨立戰爭	世界 英、法占領北京（1860）
1860	加里波底征服南義	世界 美國南北戰爭（1861～1865）
1861	義大利王國建立	世界 普奧戰爭（1866）

年代	義大利大事紀	世界與日本大事紀
1901	喬利蒂內閣上台	日本 日俄戰爭（1904～1905）
1911	利比亞戰爭開打	世界 辛亥革命（1911）
1915	參與第一次世界大戰	世界 巴拿馬運河開通（1914）
1919	義大利戰鬥者法西斯成立、鄧南遮占領阜姆	世界 國際聯盟成立（1920）
1922	墨索里尼內閣上台	世界 中國共產黨成立（1921）
1923	通過新選舉法	世界 蘇維埃聯邦建立（1922）
1924	馬泰奧蒂暗殺事件	日本 關東大地震（1923）
1925	墨索里尼發出法西斯獨裁宣言	日本 日本開始普選（1925）
1927	頒布勞動憲章	世界 經濟大蕭條（1929）
1929	簽署拉特朗條約	日本 九一八事變（1931）
1934	墨索里尼與希特勒會談	日本 二二六事件（1936）
1935	入侵衣索比亞	世界 西班牙內戰（1936）
1939	併吞阿爾巴尼亞	世界 德國與奧地利合併（1938）
1940	參與第二次世界大戰、日德義三國結為同盟	日本 大政翼贊會成立（1940）

1941	義大利與德國向美國宣戰	日本 太平洋戰爭（1941～1945）
1943	墨索里尼失勢，向盟軍投降	世界 諾曼第登陸（1944）
1945	墨索里尼遭處死，加斯貝利內閣上台	日本 廣島、長崎遭核彈轟炸（1945）
1946	公投決定廢除君主制	世界 中華人民共和國建國（1949）
1949	參與北大西洋公約組織（NATO）創立	世界 韓戰（1950～1953）
1953	國家碳化氫公司（ENI）成立	世界 舊金山和會（1951）
1955	加入聯合國	世界 利比亞脫離義大利獨立（1951）
1970	通過離婚法	日本 日本世界博覽會（1970）
1978	赤軍旅暗殺前總理莫羅	世界 蘇聯入侵阿富汗（1979）
1991	義大利共產黨解散	世界 波灣戰爭（1991）
1996	「橄欖樹聯盟」的普羅迪內閣上台	日本 原爆圓頂館列入世界遺產（1996）
1999	開始使用歐元	世界 澳門歸還中國（1999）
2009	「五星運動」成立	世界 九一一恐怖攻擊事件（2001）
2019	教宗訪日	日本 三一一大地震（2011）
2020	新型冠狀病毒肺炎造成超過兩萬人死亡	日本 日本年號改為「令和」（2019）

参考文献

『新版 世界各国史 15 イタリア史』北原敦編（山川出版社）
『イタリアの歴史を知るための50章』高橋進、村上義和編著（明石書店）
『世界の歴史と文化 イタリア』河島英昭監修（新潮社）
『イタリアの歴史』クリストファー・ダガン著／河野肇訳（創土社）
『詳説 世界史研究』木村靖二、岸本美緒、小松久男編（山川出版社）

[監修]
北原敦
1937年出生於東京都，東京大學文學部畢業。東京大學研究所人文科學研究科博士課程中輟。北海道大學榮譽教授。專攻義大利近現代史。
著作包括《新版 世界各国史 15 イタリア史》（編者，山川出版社）、《概説イタリア史》（編者，有斐閣）、《ヨーロッパ近代史再考》（編者，ミネルヴァ書房）、《世界の歴史22 近代ヨーロッパの情熱と苦悩》（共著，中央公論新社）、《イタリア現代史研究》（岩波書店）等。

編輯・構成／造事務所
設計／井上祥邦（yockdesign）
文字／奈落一騎、東野由美子、前田浩弥、村中崇
插畫／ suwakaho

ISSATSU DE WAKARU ITALY SHI

極簡義大利史

出　　版／楓樹林出版事業有限公司
地　　址／新北市板橋區信義路163巷3號10樓
郵政劃撥／19907596 楓書坊文化出版社
網　　址／www.maplebook.com.tw
電　　話／02-2957-6096
傳　　真／02-2957-6435
監　　修／北原敦
翻　　譯／甘為治
責任編輯／王綺
內文排版／楊亞容
港澳經銷／泛華發行代理有限公司
定　　價／350元
出版日期／2022年3月

國家圖書館出版品預行編目資料

極簡義大利史 / 北原敦監修 ; 甘為治翻譯.
-- 初版. -- 新北市 : 楓樹林出版事業有限公司, 2022.03 面 ;　公分

ISBN 978-626-7108-01-7（平裝）

1. 義大利史

745.1　　110021911